作 者 像

作者简介

董晓萍，北京师范大学教授。北京师范大学跨文化研究院院长、北京师范大学中国民间文化研究所所长、北京师范大学数字民俗学实验室主任、教育部人文社科重点研究基地北京师范大学民俗典籍文字研究中心副主任。国务院学位办学科评议组第六届、第七届社会学组成员兼召集人。国际民俗学会会员。在跨文化学研究方面已出版主要著作有《全球化与民俗化》《钟敬文与中国民俗学派》《跨文化民间文艺学》《跨文化民俗学》《跨文化民俗志》和《跨文化民俗体裁学》等。

内容简介

本书首次运用“跨文化技术民俗学”的概念，以我国传统皇室工艺、历史作坊和现存地方行业中的传统工艺民俗为对象，使用作者多年从事相关文献研究和田野调查的资料，参考西方同行的研究成果，将民俗学、自然科技史学与跨文化学相结合，开展综合研究，阐述技术民俗研究中的一些基本问题，同时运用个案法，对这项研究所涉及的民间与国家二元技术观念的互动、价值化技术、社会结构技术、文化叙事技术和人文亲密性技术等做综合分析，指出在我国历史文明土壤上产生和发展的技术民俗活动的特点，帮助身处高科技时代的读者走进一个似曾相识又不大熟悉的世界。

［法］金丝燕　董晓萍　主编

“跨文化研究”丛书（71）

跨文化技术民俗学

董晓萍　著

中国大百科全书出版社

图书在版编目（CIP）数据

跨文化技术民俗学／董晓萍著．—北京：中国大百科全书出版社，2019.4

ISBN 978-7-5202-0473-6

Ⅰ．①跨… Ⅱ．①董… Ⅲ．①中华文化—关系—传统工艺—研究—中国 Ⅳ．① K203 ② J528

中国版本图书馆 CIP 数据核字（2019）第 046310 号

责任编辑 徐文静
封面设计 程 然
责任印制 魏 婷
出版发行 中国大百科全书出版社
地　　址 北京市阜成门北大街 17 号 **邮政编码** 100037
电　　话 010－88390969
网　　址 http://www.ecph.com.cn
印　　刷 北京汇瑞嘉合文化发展有限公司
开　　本 787 毫米 ×1092 毫米 1/32
印　　张 7.25
字　　数 108 千字
印　　次 2019 年 4 月第 1 版 2019 年 4 月第 1 次印刷
书　　号 ISBN 978－7－5202－0473－6
定　　价 49.00 元

教育部人文社会科学重点研究基地重大项目
“跨文化学理论与方法论”
（项目批准号：16JJD750006）

综合性研究成果

教育部人文社会科学重点研究基地
北京师范大学民俗典籍文字研究中心
北京师范大学跨文化研究院敦和学术基金

资 助 出 版

“跨文化研究”丛书
编辑委员会

总　序

“跨文化研究”丛书是教育部人文社会科学重点研究基地重大项目“跨文化视野下的汉字、汉语与民俗文化研究”的综合性成果，由教育部人文社科重点研究基地北京师范大学民俗典籍文字研究中心执行，由承担北京师范大学“跨文化学研究生国际课程班”教学任务的中外学者撰写。

跨文化研究事业发端于北京大学，奠基人是北京大学著名教授乐黛云先生，乐先生同时也是中国比较文学专业的开创者，以往中国跨文化研究领域的学者也大都集中于这个领域。在法国，由新一代汉学家金丝燕教授领衔，开拓了跨文化、跨学科和跨文本的学科建设。北京师范大学近年开展的“跨文化学”学科建设之不同，在于将这门吸收世界前沿学问并提倡平等对话的学科向中国学术文化领域全面推进，同时也让中国历史文明与现代人文社会科学研究成果，通过跨文化的桥梁，公之于世，进行对话和交流。这种学科转向是经过长期准备的。

四年来，乐黛云先生、法国著名汉学家汪德迈先生、金丝燕教授、中国传统语言文字学家王宁先生和民俗学家董晓萍教授等联袂投入，将跨文化研究由文学门类，推向中国古代哲学、传统语言文字学、民俗学和科技史学等主要使用中国思想材料研究中国学问的领域，使多元文化发展与跨文化学学科建设整体关联的理论付诸实践。令人欣喜的是，中外学者对此一致响应，现在陆续出版的这套丛书，正是各国教授共同努力，从各自以中外不同视角长期从事研究所取得的学术成就中，精心提炼的一部分研究成果。

我们希望这套丛书能为跨文化学的理论和方法论建设提供砖瓦，也期盼中外高校跨文化学研究的人才队伍不断壮大。

本项工作得到北京师范大学研究生院的长期支持，北京师范大学民俗典籍文字研究中心和北京师范大学跨文化研究院敦和学术基金提供了出版资助，谨此一并致谢！

“跨文化研究”丛书编辑委员会

2018 年 8 月 28 日

目 录

第一节
技术民俗学的内涵界定

技术民俗学是一个新概念，它从民俗学的角度，研究一定条件下的技术活动，有自己的研究对象、性质、方法和目标。这种建构的产生和发展还有自己的概念史和术语史。对之加以追溯和阐释，有助于拓展民俗学的研究空间，同时对于民俗学作为理论学科与经验学科的二元性特征的建设，也有推进意义。

一、概念与概念史

技术民俗学是民俗学的一个研究分支，主要运用民俗学的理论和方法，从中国传统文化整体观出发，以民俗学自下而上和上下互动的视角，对现在减少而历史上曾经普遍存在的、在民间运行的、地方性的、以手工操作为主的、中小作坊规模的、持有精异形态和独特功能的手工制品和生产技术活动，开展专门研究。在研究中还要关注这类技术活动与国家社会管理的关系，分析其中的多元权力结构、社会合作方式，反观当时的技术发明、生产运行与内外贸易所产生的国内影响和世界影响，并总结历史经验。要重新评价那些为现代技术系统所忽略的人对自然的责任感，技术发明与社会关系的协调性，特别是人对于物的亲密意识，师傅对于手艺训练的权威性，考察在技术活动中约定俗成的行约行规和相关民俗的价值观，肯定这种行业充满个性化的、非商品的技术追求所带给工匠的巨大创造激情和无限艺术创造性。这项研究还能得到一个事实，即在取得现代政府管理社会资源的传统技术行业中，其独特的技术门类、专业化的管理方式、卓越的艺术精品与合情合理的就业观等，可以转型为现代社会条件下的人类文化遗产，及其多元文化组织的保护对象。

传统民俗学没有“技术民俗学”的提法，现在提出技术民俗学，是改变传统民俗学的概念和范畴的结果。

在以往的欧美民俗学中，有物质民俗学的分类，但侧重分析物质产品的精神内涵，不考察技术。我国以往的民俗学研究，重视研究社会的中下层文化，将自然科技史研究的传统工艺，归于上层文化研究，或者近代西方科学输入后的历史事件研究，本身并不参与。但是，随着我国对外开放的深入，随着自然科学界和人文社会科学界对弘扬中国优秀传统文化整体性认识的提升，以及随着民俗学介入非物质文化遗产保护利用工作的增多，开拓技术民俗学的需求日益增加。在民俗学的相邻学科或交叉学科中，如自然科技史、社会学、人类学和海外汉学，在技术与文化传统的研究上，已颇有斩获。自然科技史还对曾经被边缘化的传统工艺与传统文化的联系重新评估。然而，还有很多技术史的问题和传统工艺现代传承的问题，堆在那里，需要利用民俗学的知识体系和理论方法，开展多学科合作，加以解决。同时，民俗学也需要吸纳自然科技史的新成果，也要参考其他相关人文社会科学的新思维和新方法，主动地跨学科和跨文化，迎难而互补。在这种情况下，技术民俗学就应运而生。

二、对象与术语史

技术民俗学的研究对象是“技术民俗”，与自然科技史的研究对象“传统工艺”是相同的。换句话说，就工匠、匠技、国家礼俗制度和地方管理而言，两个学科拥有相同的研究对象。但是，由于技术观和知识结构的差异，技术民俗学与自然科技史的研究又各有所长。在技术观上，技术民俗学以承认人类社会的多元模式和文化多样性的合理性为前提，将自然科技史所界定的“传统工艺”之“工艺”，也视为“技术”，将“传统工艺”的发明创造和专业实践活动，与科学家的实验室工作和现代工厂技术生产相比较，对两者的历史地位和文化价值观予以平等对待。与此不同的是，自然科技史是用“前科学”的观点界定“传统工艺”的，这种技术观的由来，是西方工业革命的产物。当大机器工业以规模化的批量生产、机械化的惊人速度、商业化的高额利润到处推广时，“传统工艺”就边缘化了，它的规模小、产量少、利润低，成了大机器面前的“小矮人”。由于知识结构的差异，自然科技史不研究“传统工艺”的文化部分，包括技术民俗，其中有些还被当作“落后”和“迷信”遭到排斥，实际上是“传统工艺”维护天人合一信条的人为方式，但技术民俗学要对这些技术文化现象给予认真的学术研究。

民俗学的其他相邻学科，如技术人类学和技术社会学，主要通过技术现象研究“人类”与“社会”，也不研究民俗。但技术民俗学以具体资料与实证研究证明，技术民俗研究是不能忽略的，它严肃地承担祖先遗留下来的亲和自然界和协调社会关系的职能，始终得到集体性的历史认同和社会群体的遵守。它还被用来应对自然灾害、规避社会风险，产生幸福功能。对于这类技术活动，抓不到民俗，就抓不到人的灵魂。

纵观中国社会史，对“传统工艺”的研究，缺乏民俗学的参与，研究者的知识结构是不够的。当然技术民俗学也不是万能的，各学科要取长补短。自然科技史研究“传统工艺”达到很高的科学水平，技术人类学和技术社会学研究“传统工艺”有自成系统的理论形态。技术民俗学在与这些学科讨论相同的研究对象时，也会使用一些共享术语，包括“传统工艺”，但技术民俗学会在理论与方法上，体现“技术民俗”研究的特点。这个研究分支虽然后起，但由于针对性强，研究对象清晰，能起到顾此而不失彼的作用。

技术民俗学的研究对象的术语史，经过自然科学与人文社会科学多学科的探索打下的基础，通过技术民俗学者本身的加强研究，已经给“技术民俗”划定了比较清晰的边界。中国的技术民俗和生产运行，是长期农政社会制度下的优秀生产模式，有自己的价值体系、专业知识、社会网络和历史文献宝库，是中国优秀传统文化财富。自古以来，它对国内经济社会的发展起到历史作用；在中外交流中，它乘槎输出或丝路西行，成为一种中国符号。

技术民俗学在处理研究对象资料系统时，在做好问题框架和研究目标的前提下，会按照对象的术语在不同时期、不同社会条件本身的说法，从文本实际出发，使用不同的术语群。“技术民俗”的术语是现代的，理论形态的；文献与田野中的术语群，是在历史过程中形成的，经验性的。技术民俗学的研究，将理论与经验并行，这是技术民俗学建设的一项任务。

三、方法与方法史

技术民俗学的研究，在方法论上，使用民俗学擅长的文献法和田野作业法，也使用我们近年来在多学科交叉研究中使用的个案法和社会史方法。应该说，技术民俗学的提出与建设，是与民俗学与相邻学科通力合作并产生综合性研究的历史相伴随的。

文献法，指使用中国历史文献，包括上层经典文献与民俗史文献，如三礼、农书和岁时笔记杂纂，历史档案、现代政府档案和企业档案，以及工匠日记和绘稿等，进行技术民俗研究。自然科技史研究历来重视上层经典文献和器物实体资料，技术民俗学也使用上层文献，但在搜集和使用民俗史文献与工匠保存的民间文献方面具有优势。

田野作业法，指对工匠内部传承系统、行业知识、行业组织、崇拜祭祀、作坊寺庙、工匠工程的生产民俗、历史作坊的时空民俗等，进行调查研究。需要说明的是，技术民俗学的田野调查是现代调查，所获得的资料属于现代民俗志性质，它们有的能与历史文献对号，但绝大多数是缺乏历史文献记载的。这部分资料在工匠内部传承，依靠口头传承，包括工匠个人经历与日常生活、师徒谱系、工匠技术施工中必不可少的口诀、故事、草图使用和民间手写本，重大历史建筑的核心技术秘诀等。

这批资料虽然是在现代搜集获得的，但却是依赖技术民俗学的理论框架和实证路线的结果。传统工匠群体是很少使用书面文献的，这些口诀秘籍正是执行传统工程和守护工艺安全的无上经典，工匠对之虔敬记诵、对外守口如瓶。自然科技史的“传统工艺”研究，有时在某些工艺流程的用料和方法存疑，用现代科学的方法百思不得其解，其实就缺技术民俗这把钥匙。

个案法，指按行别和作别，对技术体系、行业组织、师徒谱系、社会网络、历史作坊、原料物流、祭祀建筑和工艺历史工程等，开展调查研究，建立完整的传统工艺生产模式个案。近年来，我指导的北京师范大学博士和硕士研究生，已经完成木作、纸作、油漆作、珐琅作、小器作、花作、盔头作等调查，完成了十二个个案的学位论文撰写。

社会史方法，指不做帝王将相大历史，不做中国科技史上的大科学家史，而是描写和研究行业工匠小人物，为皇家服务的地方管理系统、历史作坊与工艺制品和中小商号的技术民俗史。从具体人物、具体地点和具体事件切入做调查，专注于社会分层、社会流动和社会就业网络，而不是经济史。技术民俗学的社会史研究与自然科技史相比，并不使用数学公式和化学符号去测量。技术民俗学主要观察传统技术活动如何进入中国文化分层和社会结构，所积累的民间智慧，以及所取得的历史成就。技术民俗给中国社会创造了巨大的物质财富，也创造了极大的社会财富，技术民俗学侧重于后者。

四、目标与局限

技术民俗学的目标，是研究中国优秀传统文化中的、由技术民俗携带的特色部分，将那些拥有民族文化主体性的、同时是中西共享的优秀学术成果，延伸到我国高等教育中去，加强人才培养，使振兴传统工艺的工作成为服务于我国现代化建设和丰富世界文明对话内涵的高端事业。

技术民俗学的局限，是从现代调查和现代学科分类的现实中产生的。首先，中国技术民俗缺乏与西方科技史学对应的概念和术语系统，即便是翻译，也会出现很多缺失。中国技术民俗或中国的传统工艺，有自己的概念系统和术语群，又因为中国的历史悠久、地域广大和民族众多，又经历不同时期、不同地域、不同民族和不同行业的流程，彼此之间的差别也毋庸置疑，这种种情况的存在，都会使我们的研究和我们所掌握的资料系统，与西方同行的表述有距离，对此我们要做到心中有数，然后才是中西互视和相互学习。其次，技术民俗学的研究涉及多学科对话，各学科之间有交叉重叠的对象，有共享的表达方式，也有从各自学科的学术传统和现实问题出发所对常用概念术语的不同理解，这种差异也不是一两天就能解决的。为了克服上述局限，本书在大多数情况下，尽量采用各学科通用的概念和术语，在阐述技术民俗学与自然科技史学的交叉研究观点时，会主要使用“传统工艺”的术语。但在阐述技术民俗学的研究个案时，特别是在使用田野资料和介绍口头传统时，则会按照当时、当地和当事人的说法，如“作”、“行”、“祖师”、“铺保”、“活计”、“手艺”等，从理论与经验两方面开展综合研究。

第二节

技术民俗学的基本问题[1]

中国改革开放四十多年的重大成就是中国的现代化发展，其中，经济的崛起、高科技的成就和文化软实力的建设，尤为引人瞩目。但也有一个现象值得注意，就是中西学界对中国崛起与中国传统文化的关系的认识，互有差异。差异是正常的，有些差异还始终存在，不必大惊小怪，但对其中涉及中国传统优秀文化建设对象的不同分析，尤其是对那些有助于全球化下创新维护中国历史文明和促进综合国力发展的有益观点，我们还是应该加强自我总结，同时给予对外关注；对一些外界影响较大而我们自

[1] 本节的部分内容是作者于 2018 年 1 月 27 日参加《中国科学院院刊》举办的“传统工艺传承与创新座谈会”的发言稿，会后作者做了较大修改，在此感谢中国科学院自然科学史研究所所长张柏春教授和《中国科学院院刊》副主编刘天星先生对作者的鼓励与帮助。

己以往比较忽略的外来学说，又可能成为我国现代化建设中可资参考的意见的，还应该做有针对性的思考，开展对策性研究，例如：怎样认识中国文化与中华文明的关系？怎样运用现代科学意识和当代世界知识系统界定中国传统文化的优秀成分？怎样面对世界期待大力发展国家民族的主体性，又做到内聚外吸？等等，都是带有根本性质的问题。我国政府近期颁布了振兴传统工艺的文件，确定了这个重大任务，广大科技工作者和人文社会科学工作者应该抓住这个历史机遇，做好相关工作。在文件中所使用的"传统工艺"术语，如上所述，即"技术民俗"，对其加强研究，正是这类根本性问题中的一个。

为方便自然科技史学者开展交叉研究，本节运用技术民俗学的视角，主要使用"传统工艺"的术语进行讨论。

一、现实意义

传统工艺的国学价值是一个古老的命题。我国是有悠久儒学传统的国家，儒学经典《周礼》中就有《考工记》，是传统礼治包含工艺制度的国学经典。在我们的西方同行中，也将汉字、手工艺和民俗作为认识中国的开端。三者缘于“一带一路”，无论在陆路还是海上，曾经都驰名中外。其中手工器物的吸引与交换还成为海外汉学的活力成分，也与欧洲的自然科技史学密切相关。现在西方这套学问已成气候，法国、英国和德国的同行都拥有相当的话语权，对方把中国人十分熟悉又讲不清楚的地方，用不同的思路和方法，条分缕析，用法国历史学家布罗代尔（Fernand Braudel）的话说，是提取了其中所蕴含的一种技术与物质的文化“共时性”[1]，这正是人类社会发展到今天追求技术称霸和滥用资源所最缺乏的。它不属于纯技术，而属于技术、母语及其社会文化传统综合表达的范畴，有时还需要民俗暗示其内涵。它也属于技术，具有技术的发明文本与物化的形式，但它进入了文化的结构[2]，渗透到社会制度之中，因而始终吸

---

[1] 布罗代尔很早就关注中国家具的空间利用问题，参见［法］费尔南·布罗代尔（Fernand Braudel）《15至18世纪的物质文明、经济和资本主义》，顾良等译，北京：生活·读书·新知三联书店，1992，第1卷，第337—338页。

[2] ［法］若瑟·佛莱什（Jose Freches）《从法国汉学到国际汉学》，收入《我知道什么》丛书第1610号，《汉学》，巴黎，1975。参见耿昇《法国汉学史论》（上册），北京：学苑出版社，2015，第1页。

引着西方。西方文化之父亚里士多德（Aristotle）曾用手工艺思想构建古希腊哲学，但手工艺思想成了形式逻辑的附件[1]，而不是社会文化结构的基石。这种差异横亘在中西世界之间，过去我们不以为然，但现在全球经济竞争、技术流通、文化对话，就能看到这是一个比较突出的问题。

工艺史与社会史的关系是自然科学与人文社会科学的共同话题，进入 21 世纪以来，伴随全球信息化程度的提高，社会分工的改变和社会分层的加剧，这方面的讨论还波及人类前现代化史、农业史、家庭史、社会性别史、宗教史和文化多样性等广泛的问题，形成新的国际思潮[2]。其中有两个概念与本小节的关注点有关，即如何界定文化与文明？西方人习惯于将两者分开讨论，认为文化依靠思想，文明有赖物质。在我们的西方同行眼里，中国文化的发展依靠汉字与经典；中华文明的发展依靠传统工艺及其对物质生产的推动。当然这种分析是从中

[1] ［法］汪德迈（Léon Vandermeersch）《跨文化中国学》，北京：中国大百科全书出版社，2018，第 12 页。

[2] 董晓萍《国家 · 历史 · 民俗：女性学者的民俗学遗产》，《西北民族研究》2018 年第 3 期，第 114—129 页。

西比较的角度进行的，未免留有欧洲中心论的影子[1]，而中国社会长期以来在非西方或非欧洲中心的时空框架下自我发展，从未将文化与文明截然分开。不过我们今天在全球政治经济格局改变的语境中讨论文化与文明的关系，就绝不是炒冷饭，也不是简单地复习概念，而要从对方认真研究中华文明史的视角和学术问题中，反思自我优势，弥补被忽略的历史缺失。事实上，至今我国传统工艺的研究是相对冷门的，这与传统工艺的灿烂成就和卓越的对外影响相比极不相称。为什么会这样？这与我国近代以来接受西方科技观而缺乏构建本土科技工艺理论的对应储备有关，现在应该改变。党和政府近期颁布文件，振兴传统工艺、建设中国优秀传统文化，高屋建瓴地明确了这一重大任务的价值、地位和职能，这就给广大科技工作者和人文社会科学工作者提供了最好的历史机遇。我们应该不辱使命，积极承担责任。我们要采用超越历史的现代意识，抓住中西差异的关键问题，弘扬中国优秀传统文化，加强新时期的传统工艺研究，拿出

[1] ［法］汪德迈（Léon Vandermeersch）《跨文化中国学》，北京：中国大百科全书出版社，2018，第 132 页。

有分量的科学成果，增加国际话语权，并将那些高质量的、经得起历史考验的、中西学界共享的优秀研究成果，延伸到我国高校和科研院所的高级人才培养中去，使之服务于我国现代化决策和提升世界文明对话有效性的高端事业。

我的专业是民俗学，不是科技史学，但在我所从事的高校民俗学教学科研中同样会较多地涉及传统工艺问题。实际上，这是一种交叉学科研究，不应局限于以往的高校学科分类去束缚手脚，所以在下文中，我经常会谈到自然科学与人文社会科学工作者的共同责任。

下面，本节将主要使用中国历史文献、中西学者对话的著作、海外汉学成果（包括统计数据）和我国高校教材，归纳从振兴传统工艺的角度弘扬中国优秀传统文化的几个可资参考意见。在结构上分三个方面，一是传统工艺的国学价值，二是传统工艺的中西对话要点，主要是对中国多元社会模式的认识，三是振兴传统工艺的重要途径是高等教育。

二、国学价值

传统工艺史是中国文化史中的瑰宝，是中华文明史中最有特色的部分。它适应中国的自然、地理、经济、社会、历史、文化条件而产生，贮存了中国人处理人与自然和社会关系的丰富经验，凝结了中国社会将为数不多的物质资本与丰饶无比的非物质资本统筹发展的立国智慧[1]，创造了中央与地方统一布局又因地制宜的多元化管理制度，提供了大量原创性的工艺发明和独特技艺，从事了包括丝绸之路在内的广泛世界传播，进入诸多中外经典文献，是一套富有文献记载与口头传统的特殊学问。即便从文化与文明有区别也有联系的角度划分，它也不仅属于中国文化史，而早已列入中华文明史。中国是多民族、多地区统一国家，中国文化史与中华文明史同样博大精深，源远流长，其中有扎根深厚的儒家学说系统，也有多种外来影响；在 20 世纪以来国家现代化进程中，我国坚持以马克思主义为指导的社会主义意识形

[1] 关于中国人的物质资本观与非物质资本观的提法，法国汉学家沙畹已经提出，由其再传弟子汪德迈做了进一步的发展。

态的建设，对传统工艺进行了多层次、多种形式的保护利用。传统工艺史无论从哪个“史”别而论，都占有一席之地。也正因为传统工艺史的划分覆盖面广，对它的研究也是多学科、多视角的。钟敬文先生十分重视传统工艺史的研究，在全球化侵入我国后，在1994年发表的一篇文章中，他就谈到传统工艺的国学地位不容忽视，堪与“经典”并列。

> 在对于民族传统文化的考察、评价中，由于各学者的出身、学养、经历和对问题着眼点等的差异，那结果自然会有不同，甚至彼此严峻地对立。许多同志认为传统文化，在人生哲学、实践伦理乃至文学创造、工艺美术等这里那里，都有着宝贵的遗产，值得我们重视，并在实践中给以继承、发展。它跟广大人民有着绵远的、紧密的关系，有的即使它已经成为文明史上的化石之后，还能够起着某种作用。
>
> 我们常常在口头上或文字里提到我国古代的“四大发明”的伟绩。这是为什么？因为这些世界性的发明，是产生于我们祖国、产生于中华民族，那些发明者正是我们的祖宗。

> 如果我们要使祖国的新文化体系，成为有体有魂的东西，那么，我们就必须重视自己千万代祖宗创造和遗留下来的文化遗产。认真地清理它、洗刷它、辨别它，把那些的确优秀的部分大力加以弘扬、普及，使它在新文化体系中占主体地位发挥新的历史作用。这样，我们所建成的新文化体系才是真正民族的、科学的、大众的（民主的）社会主义新文化。[1]

他在此文中提到的“工艺美术”是当时国内对“传统工艺”的另一种提法。根据钟敬文的观点，中国传统文化符号不止有“经典”，还有传统工艺，应该像重视中国历史经典一样重视中国传统工艺，这对于当代社会建设有重大意义。

长期从事自然科学史研究的华觉明先生将中国传统工艺史的范畴做了科学划分，分成三部分，即民间科学技术知识、民间工艺技术和民间药学[2]。他就传统工艺史

---

[1] 钟敬文《传统文化随想》，原载《北京师范大学学报》，1994 年第 4 期，第 26，29 页。

[2] 华觉明等《民间科学技术》，原载钟敬文主编、许钰、董晓萍副主编《民俗学概论（第二版）》，北京：高等教育出版社，2010，第 160—184 页。

可供传承的中国优秀传统文化成分做了较为详细的阐述。

> 中国的传统科学技术源远流长，内涵丰富。它对本民族的生息繁衍、人文经济、政治、军事、文化、娱乐等社会生活的各个方面，起着重大的历史作用，并在世界物质文明的进化中居于重要地位。就其渊源来说，传统科学技术多来自民间底层，例如天文学是源自民间对天象的观察，青铜冶铸是源自制陶和对天然铜的加工制作。它们在此基础上得到发展、提高的官方科学技术，又常返回民间，为民间所应用，为民间所充实、丰富和再提高。例如，在世界上独树一帜的中医药学，我国的景泰蓝工艺等等，便都是在这样的循环往复中不断得到发展的。这种互补作用使得许多传统科学技术至今仍在生产和日常活动中被使用和发生影响。[1]

华觉明先生的讨论，也不单纯是从自然科技史本身出发的，而是从中国传统工艺史与中国文化史血脉相连

---

[1] 华觉明《民间科学技术知识》，原载钟敬文主编、许钰、董晓萍副主编《民俗学概论（第二版）》，北京：高等教育出版社，2010，第 160 页。

的国情实际出发，并使用自然科学和人文社会科学的双视角进行分析，这种讨论有助于传统工艺在现代社会的再价值化，能产生保护利用认同工艺的社会现实意义。他在另一本著作《民间技艺》中，指出作为传统工艺的优秀传统文化成分的具体门类，包括“制茶的技艺、制铁器的技艺、制绣品的技艺、制皮革的技艺等”[1]。我们知道，现在这些传统工艺都活得好好的，就看我们自己重视不重视，就怕我们自己熟视无睹。

我认为，中国传统工艺在中国社会中经过几千年的发展，拥有自己的独具特征，这是其国学价值的核心。

价值之一：有国家制度的技术。国学的祖本是“三礼”，其中的《周礼》已有《考工记》，说明工艺制度属于礼治的范畴。《说文解字》记载了匠作的性质，“五上工部”云：“工，巧饰也”，“巧，技也”，“象人有规矩”[2]，匠作管理工匠、工具和技术。“七下宀部”讲到

---

[1] 华觉明、李绵璐主编《民间技艺》，北京：中国社会出版社，2008，第223—224页。

[2] ［汉］许慎《说文解字》。关于工匠的工巧、能巫、规矩和百工的解释，参见王宁、谢栋元、刘方《〈说文解字〉与中国古代文化》，复印本，第15—16页。

“百工”和“宰”，指匠作有行政管理者，有官阶制度。这套体制由汉及清，传承下来，相应的观念和运作方式依然得到保存。有国家制度的技术与没有国家制度的技术是大不一样的，以北京为例，仅20世纪以来，经历了战争和社会的巨大变迁，清宫造办处的行业技术和施工对象并未受到破坏。即便经过新中国初期的公私合营改造和后来“文化大革命”的冲击，由于它们早已被国家列为重点文化保护对象，变成博物馆、历史文化公园和政府机构的办公地点，所以一直得到保存，其行业技术部分，也作为皇家御用历史整体结构的组成部分，得到合理的保护，并最终保留下来。

价值之二：有价值体系的技术。在此引入社会角色的概念，能清楚地看到，中国传统工艺行业以师徒关系为角色，奉行中国文化价值，包括勤俭耕织的价值、士商联盟的价值、以文促产的价值，以及对企业的归属感、社会的责任感与家族的忠诚相统一的价值等。有价值体系的技术与没有价值体系的技术是不一样的，仍以北京为例，拥有熟练和精美技能的名匠是行业技术归属的社会角色。他们既是同行称服的名匠，又是有政府颁授高级职衔的技工，顺利地从行业分层进入社会分层，以卓越的技术能力获得较高的社会地位。

价值之三：有社会结构的技术。在此引入社会功能的概念做分析。据中国第一历史档案馆存藏清宫内务府造办处档案，清代中叶以来，按皇室宫殿、皇家园林和皇家寺庙工程管理的划分，每逢国祀朝庆、皇帝接见外国使臣和传教士、皇室婚寿大典与皇宫岁时节庆时，内务府便召集各地、各作能工巧匠进宫当差，此时木作和与木作组合施工的其他各“作”，石、瓦、泥、棚和油漆作等，工匠施展无与伦比的世传绝技。没有技术结构，就完成上述工艺建造。

价值之四：有中国故事的技术。有故事的技术，大都是祖师的技术；在中国这个土木建筑国家，故事的技术就是鲁班的技术。鲁班木作生产技术与我国农村史、城市史和宫廷史的建筑关系都很密切，鲁班造故宫角楼的传说成为国家遗产记忆。[1] 中国人的生活装饰传统中也有鲁班故事，鲁班成了一个生活符号，在材料工艺、造型艺术和日常生活样式方面，都发挥了特殊的历史作用。

---

[1] 黄勤等搜集《角楼》，收入张紫晨、李岳南编《北京的传说》，上海：上海文艺出版社，1983，第25—29页。

价值之五：有丰富历史文献的技术。前面提到了先秦的《考工记》，后世还有大量的农书，它们都是记载传统工艺技术的宝库，引起西方同行的重视。

价值之六：有专业知识的技术。如，清宫造办处活计档是连续工程，可以帮助我们获得对清代中期以后传统手工行业知识的整体认识：一是政府整理知识，二是技术民俗知识，三是社会网络知识，四是原产地、原料配方和施工知识。当然传统工艺知识与现代技术知识不同，它是官员与工匠双方合作创造的经验科学，是双方共同面对的人与自然的对话，它们的名词术语散落在十三经中，被注疏和被引用；也进入我国口头传统之中，与国学互动。

三、多元模式

这里有几个要点，其中的关键是对中国传统工艺所保存和展示的、独特的，在人类社会发展中为中国所长期拥有的中央与地方协调、技术与文化共时、国家化机械生产与手工业生产互补的统一而多元的社会模式，予以大力肯定。在中国的这种多元社会模式中，主张天人合一，厉行勤俭节约、保护地方的、民族的多个积极性，要求对大自然有礼貌、讲克制，重视人与自然共同在一个地球大家庭中休养生息的幸福感，把自然界的运行与人类社会的活动都纳入命运共同体。当然在金钱、商品、利益和欲望面前，人类有时也会疯狂，但传统工艺始终是防止社会关系脆弱化的警钟和把控生产节奏的调节器。它很老迈，但它以它的方式，不允许人类挑战大自然的极限。与当今世界某些恣意称霸，滥用资源、破坏人地和谐的一元强权社会模式相比，中国这种统一而多元的社会模式特别珍贵。当然还要考虑研究中西对话的现实意义。

（一）传统工艺与中国第一印象

传统工艺是海外汉学史的开端。应该说，西方人主要是从中华文明史的角度认识中国传统工艺的。对很多西方人来说，中国工匠的制品都不是与他们的文化存在巨大差异的新奇物件，而是他们对中国的第一印象。

美国学者鲁道夫·P·霍梅尔（Rudolf P. Hommel）对中国人的日用器物爱不释手，他的《手艺中国：中国手工业调查图录》一书，图文并茂地描写自己的所见所闻，罗列了走进中国的物证。[1] 不少西方学者对中国的第一印象都是从他这本书来的。我去过一个法国考古学者家做客，发现他的书架十分特别。他对书的挑选和上架极为苛刻，但其中就有这本书。

法国汉学家沙畹（Edouard Chavannes）认为，将中西世界隔开的藩篱，首先是汉字和汉语，其次是器物。他像布罗代尔一样看上了中国的家具。他用法语描绘中国土木建筑和器具上面的纹饰图案，用强大的思考力分析背后的文化结构。他认为，不同国家间的器物交流始终是文化异地传播和异地互识的重要部分。中国的汉字、文学与物质运动的结合是失败的，但与中国器物的结合是成功的，在中国大量的纸张、陶瓷、丝绸等手工制品中，都带有中国人祈福求运的象征符号，在这些符号中，汉字、文学作品、思想信仰与日常社会的工艺实体结合，共同表达了中国人的祝颂观念。他为此撰写了一篇论文，

---

[1] ［美］鲁道夫 . P. 霍梅尔（Rudolf P. Hommel）《手艺中国》（*China at work: An Illustrated Record of the Primitive Industries of China's Masses, Whose Life is Toil, and Thus an Account of Chinese Civilization*），戴吾三等译，北京：北京理工大学出版社，2012。

题目叫《中国民间艺术中对祝颂的表达》，文中提到："正是在这里，才可以找到对中国性格的深刻诠释"[1]。沙畹的弟子葛兰言（Marcel Granet）做过民间文学、国学与社会生产活动关系的研究，其中提到生产工具和功能。[2]从中国第一印象到对中国社会的多方面认识，传统工艺都起到了桥的作用。

（二）传统工艺研究新方法

西方同行提出研究传统工艺的新方法，对此我们需要注意。李约瑟（Joseph Needham）主编的《中国科学技术史》，整合中国人的科学理性与日常实践，对古代中国科技发明进行重新分类和研究。他也将此称为一种研究方法。他的这些工作打破了西方科学界的经典概念与分类传统，曾使他一个人背对西方世界，遭受质疑和否定，但他却得到中国同行的欢迎。我国进入现代化时期并经历了诸多暴风骤雨之后，仍对李约瑟的观点和方

[1] ［法］沙畹（Edouard Chavannes）《沙畹汉学论著选译》，邢克超、杨金平、乔雪梅译，北京：中华书局，2014，第209—213，230—231页。

[2] ［法］葛兰言（Marcel Granet）《中国古代的祭礼与歌谣》，此处评论转引自耿昇《法国汉学史论》（下册），北京：学苑出版社，2015，第44页。

法继续接受，可见他的观念与方法与中国学者思维的契合程度。我曾请白馥兰（Francesca Bray）教授到北京师范大学讲学，一并介绍李约瑟。白馥兰曾参与过李约瑟《中国科学技术史》的撰写，称得上是自然科技史“迷”。白馥兰指出，“运用物质性的技术为指标，考察人们如何思考自然、社会和意义，这是现代西方科技界和社会人类学的批判性方式。把技术作为意识形态、文化来分析，是西方学者创造的新的研究方法”。[1]她本人和她的西方同行都在使用这种方法。

既然传统工艺研究有新方法，为什么还会有轻视的倾向？为什么这种观念西方有，在中国似乎更普遍？白馥兰的看法是，现代技术是一种精密深奥的、不断进步的现代现象，与所谓传统的、保守的、落后的传统工艺大相径庭，但这种观念是一种后起的，是将技术与文化剥离的说法。按照这种说法，技术以其优越的工程逻辑超越文化分析的视野，文化反而成了妨碍技术进步的累赘。但从人类社会史发展的多种可能性看，通过分析人

---

❶ ［英］白馥兰（Francesca Bray）《技术与性别——晚清帝制中国的权力经纬》（*Fabrics of Power in Late Imperial China*），江湄、邓京力译，南京：江苏人民出版社，2006，第 14 页。

类社会多元进化的具体特征，可以看出，技术的性质是处理物质材料的手艺、技术和人工物的实际操作，在具体社会条件下，这种技术活动是对本土文化认同和文化价值观的表达。[1] 白馥兰是不采用欧洲中心论的，她也不采用将中国经典与中国工艺与物质生产活动区别开来的西式划分法，她从中国经典、社会制度、手工艺发明等多文本实际出发，研究不同时期、不同样式、不同地区和不同含义的中国资料。她也不是将中国文化史与中华文明史硬性区分的，她要说明中国传统工艺史的中国文化渊源，及其与人类社会模式和现代科技思想的复杂联系。[2] 这次讲座持续了两个多月，原以为主要面对民俗学专业的研究生，实际上却有北京大学、清华大学、中国科学院大学和北京科技大学等多所重点高校的二十多个专业的研究生前来，网上点击更为踊跃，日逾千人，可见年轻学子的欢迎程度。德国科技史学者薛凤（Dagmar

---

❶ ［英］白馥兰（Francesca Bray）《技术作为一种文化》，董晓萍译，2017 年 11 月 7 日，打印稿，第 3 页。

❷ ［英］白馥兰（Francesca Bray）《科学、技艺、技术：中国农业从物质到知识的穿越》（*Science, technique, technology: passages between matter and knowledge in imperial Chinese agriculture*），董晓萍译，《北京师范大学学报》2015 年第 4 期，第 84—104 页。

Schäfer）也走的是这条路子。薛凤对我国宋代工艺文献《天工开物》做了个案研究，分析中国古代学者与科举制度和科技活动的关系。❶ 在她的个案中，中国古代学者是使传统工艺成为历史文化遗产的描述者，她说："我们仅视之为一种物质展示的技术，其实从一开始就是一种文化的产物；它是最为牢固持久的文化遗产，而且是不同世界观及人类灵感的外在表达和创造"。❷ 更早些时候，沙畹的弟子葛兰言（Mercel Granet）也通过中国工艺研究中国社会制度。❸ 白馥兰对参与中国传统工艺活动的社会主体更为关注，她提出，这是多个阶层构成的综合效应，历代皇帝、中央集权政府、地方官员、农村地主、农民阶层和学者都发挥了作用。❹ 据我有限的了解，西方

---

❶ ［德］薛凤（Dagmar Schäfer）《工开万物：17 世纪中国的知识与技术》，吴秀杰、白岚玲译，南京：江苏人民出版社，2015。

❷ ［德］薛凤（Dagmar Schäfer）《追求技艺：清代技术知识之传播网络》，收录于故宫博物院、柏林马普学会科学史所编《宫廷与地方：十七至十八世纪的技术交流》，北京：紫禁城出版社，2010，第 30 页。

❸ ［法］葛兰言（Marcel Granet）《中国文明》，北京：中国人民大学出版社，杨英译，2012。转引自耿昇《法国汉学史论》（下册），北京：学苑出版社，2015，第 44 页。

❹ ［英］白馥兰（Francesca Bray）《跨文化中国农学》，董晓萍译，北京：中国大百科全书出版社，2018，第 1 页。

学者的这种新方法已经对中国学者产生了影响，也有这方面的著作出版。

（三）传统工艺与“一带一路”

季羡林先生是最早一批研究“一带一路”文化的学者。他在这方面积累了很多研究成果，如他撰写的《糖史》[1]。他很赞赏李约瑟。他还举了阿里·玛扎海里（Mazalleri A.）研究中国传统工艺的例子，并谈到“一带一路”工艺史。下面引用他为阿里·玛扎海里的著作所撰写的中译本《序》。

> 科学研究，包括人文社会科学和自然科学，其目的首先在于求真。真就一定能符合社会发展的规律。因此，真本身就是价值，就是意义。真，有的能够立竿见影，产生政治、经济或其它效益；有的就暂时不能。具体事例多得很，用不着列举。文化交流史是一门科学，它当然不能脱离上述原则。但是，我个人认为，它是一门能立竿见影的科学，它能够产生政治、经济和其它效益。它至少能让人

[1] 季羡林《糖史》，南昌：江西教育出版社，2009。

们了解到，人民与人民之间，民族与民族之间，一向是互相依存的，互通有无的，互相促进的，谁也离不开谁的。了解到这一点大有用处。它能加强人民与人民间，民族与民族间的感情与友谊。有了争端，双方或者多方要心平气和地来解决，不必大动干戈。对真正的侵略者和压迫者，他们是世界人民的公敌，当然不能照此处理。我始终相信，不管当前看起来世界上有什么矛盾，有什么危机，人类最终总会共同进入大同之域的。

中国人民对人类文化的杰出贡献，皎如日月，有口皆碑，无待赘述。但是，人们谈论的和我们想到的，无非是那著名的四大或几大发明，这是非常不完全的，也是不符合实际情况的。有众多细微的（也许并不细微）发明创造，我们不十分清楚。这无疑是一件憾事。令人奇怪的，也或许是令人欣喜的是，一些外国学者在这方面知道得要比中国学者多得多。英国著名的学者李约瑟就是一个最好的例子。现在我在谈的阿里·玛扎海里是又一个例子。在他的这一部巨著里，在很多地方，好像是在有意与无意之间，都指出了许多中国文化影响外国文化的事实，有不少是从来没有人提到过。作者于1960年著文《论杆秤起源于中国》，说古代罗马人使用的杆秤，以及后来由此发展

> 起来的衡具，都应追溯其中国来源。
>
> 在促使古老的丝绸之路遭到遗弃的主要因素中，应该提到近代技术工业的诞生和发展，这种工业以代用品取代了来自中国的传统产品。[1]

我国正在建设的“一带一路”工程意义深远。季先生还告诉我们，历史上“一带一路”的兴衰，与中国传统工艺史的兴衰有一定的关系。传统工艺活动在西方工业革命前曾普遍存在，代表了人类社会多样性发展的成绩，但大规模的工业化成了传统工艺的劲敌。现在到了现代化和全球化时期，现代高科技工业比比皆是，能否找到保护发展传统工艺的新路径？这是需要思考的问题。白馥兰主张传统工艺与现代技术二元论，指出，现代社会的发展途径不应该只是考虑单项因素，只追踪单一模式。在中国和印度，拥有传统工艺与现代技术工业化二元模式发展的历史经验，这种模式应该成为现代国家生

[1] 季羡林先生作序的这本书为［法］阿里·玛扎海里《丝绸之路：中国—波斯文化交流史》，耿昇译，北京：中华书局，1993。这篇序文曾单独发表，详见季羡林《丝绸之路与中国文化》，原载《北京师范大学学报》1994年第4期，第2—4页。

产模式的基本结构。人类现代社会的发展，不是在二元模式中消灭任何一种模式，而应该总结二元模式共生的得失利弊，提升其发展水平，做到整体发展，这是测量国家现代化政策水平的标尺。[1]

欧洲汉学会主席巴得胜（Bart Dessein）也认为，中西世界很多概念和分类的不对等已成为越来越多的中西学者能够意识到的问题。欧洲学者正在反思对中国的偏见，中国学者也没有必要坚持所谓赶超“先进西方”的观点，结果误解自我的优势，失去文化自信。[2] 其实这个意见在我国自然科学和人文社会科学界也有，发表的文章也更早、更多。

四、高等教育

主要谈两个问题，一是对传统高等教育误区的认识，

---

❶ ［英］白馥兰（Francesca Bray）《手工业与工业化技术：中印手工纺织业的比较》，董晓萍译，《北京师范大学学报》2017 年第 5 期第，59—67 页。

❷ ［比利时］巴得胜（Bart Dessein）《翻译的技巧：汉语文献概念体系的重构》，董晓萍译，《民俗典籍文字研究》2018 年第 21 辑，第 136—144 页。

二是将振兴传统工艺学纳入高等教育。

关于传统教育的误区，沙畹有个评价，我们不见得同意，但不妨听一听。他称赞中国人有很多精神上的能力，但就是不知道怎样实干。他们能当工匠，不能当工程师。他们能记忆，不能创新。中国儒家将精神劳动界定为劳心者，把物质劳动界定为劳力者。中国文人肩不担担、手不能提篮，不擅长物质劳动。中国农民和工匠阶层有工艺发明，但与上层学者的精神运动隔离。上层社会和少数学者的“非物质因素使中国人组成了一个民族国家”[1]。沙畹从西方人的角度看这件事，能很简单地把自己的感知表达出来。这是一种什么性质的社会现象呢？他引用莱布尼兹的话：“在实用哲学，即伦理教育和政治方面，中国人要优先于我们，他们更多地为社会培养人才，而不是为不同教派造就创始人。”[2] 他认为，中国人不擅长对精神运动与物质运动的共同驾驭，更不要说从精神到物质的娴熟思考。

---

[1] ［法］沙畹（Edouard Chavannes）《沙畹汉学论著选译》，邢克超、杨金平、乔雪梅译，北京：中华书局，2014，第 136 页。

[2] ［法］沙畹（Edouard Chavannes）《沙畹汉学论著选译》，邢克超、杨金平、乔雪梅译，北京：中华书局，2014，第 148 页。

我想在这里举另一个例子，利玛窦与中国弟子徐光启和王徵都有过合作[1]，他们师徒三人都是思想家，也都是技艺高超的工艺机械师，他们善于利用中国社会环境实现他们的理想。这个例子与沙畹的说法是一个反差。

不管怎样，以上两者都是明清社会的例子。现代社会的教育情形怎样呢？下面看一组数据[2]。法国里昂中法大学（Institut Franco-chinois de Lyon）对 1923 年至 1950 年期间中国留学生的 129 篇博士论文做了统计，以科学、医学、文学、法律为分类，其中科学 49 篇，医学 34 篇，文学 22 篇，法律 24 篇，见下图。

---

❶ 耿昇《法国汉学史论》（上册），北京：学苑出版社，2015，第 7 页，注 1。关于利玛窦与徐光启的手工制品合作的实物，部分存于上海徐家汇徐光启纪念馆，参见 Xujiahui Origin Tourist Center ed. *The Cradle of Shanghai-style Culture*, Notional AAAA-Rated Tourist Attraction, 2017, P5-6. 关于王徵，我在与法国历史学者蓝克利（Christian Lamouroux）共同从事“华北水资源与社会组织”合作项目期间，约 2000 年 10 月，赴陕西农村做田野调查，到过王徵的家乡，看到王徵碑记载的近世地方社会对他的思想生平的评价。张柏春等对王徵后人的访谈和资料搜集。详见张柏春、田森、马深孟（Matthias Schemmel）、雷恩（Jürgen Renn）、戴培德（Peter Damerow）等《传播与会通——〈奇器图说〉研究与校注》之《上篇〈奇器图说〉研究》，南京：江苏科学技术出版社，2008，第 335 页。

❷ 引自金丝燕《跨文化研究新学科建设》，《跨文化对话》2008 年第 24 期，第 73 页。

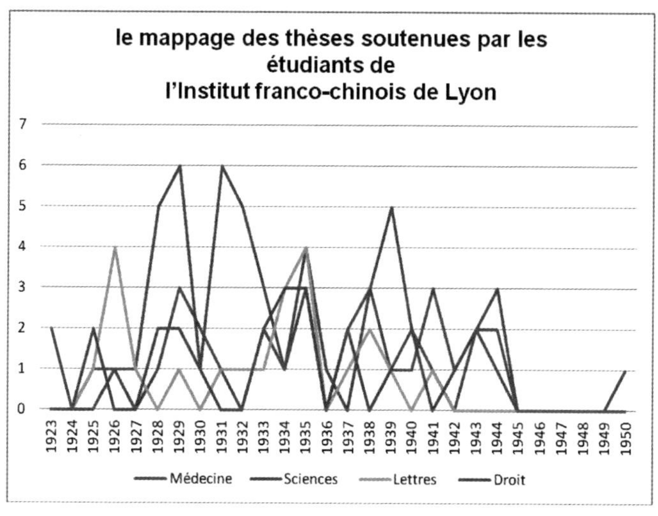

图 1 法国里昂中法大学中国留学生科、医、文、法博士论文比例示意图（1923—1950）

以上统计数据，从一个侧面显示，留法中国学生接受高等教育的专业倾向，他们选择学习科学和医学的，与选择学习文学和法律的，两者比例是 1.7，学科学和医学的超过学文科的近两倍。近现代以来，中国人接受了西方科技先进而中国落后的观点，产生了学西方以救国的想法。然而即便出国留学成为科学家的中国人，也难忘传统工艺背后的文化温馨。20 世纪 40 年代防腐材料专家左景伊赴美留学，学习比中国火药发明不知先进多少倍的现代化学，可是他仍要回忆少年时代放鞭炮的欢乐❶。同时期的法国青年学者在中国出版的情况怎样呢？1936年，沙畹的弟子伯希和（Paul Pelliot）在中国发表了研究中国传统工艺瓷器的论文❷。这就是内部传统与外部教育的差异，如果我们既保留内部传统又在内部发展现代教育呢？情况就会不一样。

振兴传统工艺的高等教育是一项刻不容缓的工作，它的职能是将传统工艺的国学价值、国家多元生产模式、技术文化一体化结构和中西共享研究成果做整体构建，提取其“六有”要素，即有国家制度的技术、有价值体系的技术、有社会结构的技术、有中国故事的技术、有丰富历史文献的技术和有专业知识的技术，继承这笔优秀遗产并向前发展，建成一个既能再现中国特色、又能汇通中外的宏观阐释框架，同时还能承担传承未来使命的学科体系。也许有人会问：可否将之纳入中小学教育？可以，但中小学教育只是普及，培养兴趣，达不到我们所要的难度与承重。它涉及科技史学、民俗学、语

---

❶ 左景伊《左宗棠传》，北京：华夏出版社，1997，第526页。

❷ Paul Pelliot（伯希和），*Le prétendu album de porcelaines de Hiang Yuan-Pien*，（中国瓷器），*T'oung Pao*，Volume XXXII，pp.15-58，Leiden，Brill，1936.

言文字学、考古学、海外汉学等多学科，涵盖人类社会史和当代社会发展模式的深刻命题，需要高校和科研院所的自然科学和人文社会科学学者共同承担。

振兴传统工艺高等教育的主力团队是自然科学工作者，但也需要搭建跨文化、多学科合作平台。20 世纪 90 年代，钟敬文先生与华觉明先生合作，首次将传统工艺学引入人文社科高等教育的课堂。在前辈之后，中国科学院自然科学史所所长张柏春教授继续与北京师范大学中国民间文化研究所和跨文化研究院合作推进。这项事业还需要大批有现代意识、现代化精神、现代教育理念和现代研究成果的学者，从自然科学与人文社会科学的各领域中来，为了共同的目标，走到一起，结为同道，坚持奋斗。他们可以打造中国传统工程学的知识结构、课程网络、教材体系、新型人才，把学科建设工作一步一步做下去。

第三节

技术民俗学的个案研究

一、国家制度技术的个案研究

个案之一：清宫造办处管理制度与技术民俗活动[1]

本节的研究对象是清宫造办处档案所记载传统手工行业的现代传承企业，重点是北京老字号企业，采用将历史档案与田野资料相结合的方法，讨论这类技术民俗个案。

北京有一批清宫造办处传统行业的老字号企业。20世纪初至今，它们承担了对明清皇室宫殿、皇家园林和

---

❶ 英国爱丁堡大学白馥兰（Francesca Bray）教授等曾对本项研究提出过富有启发性的意见，谨此致谢。在开展这项研究的七年时间里，北京师范大学民俗学专业博、硕研究生蔡锦碧、吕红峰、毕传龙、唐超和王文超等曾先后跟随我们多次到北京老字号企业调查，在此致谢。

皇家寺庙的维修保护工程，使这方面的手工行业被保存下来，也使这批皇室遗产能够按照原有的社会空间内涵和历史完整性被延续利用。1949 年以后，它们接受企业改制，成为特种工艺行业，大部分行业转为国家指定出口产品生产行业，也有的转为集体化生产。1979 年改革开放后，它们中的部分产品被投入旅游化和商品化销售渠道，演变为大众消费产品。近年北京政府开展非物质文化遗产保护工作，在以往出台的老字号手工行业保护政策的基础上，加强保护其中的高端精品的手工技艺精髓和行业生产的社会组织模式，以促进其多元文化传承。

本节具体讨论三个问题：一是清宫造办处档案记载手工行业的资料系统、使用原则和研究方法；二是清宫造办处技术民俗遗产的内涵；三是技术民俗的社会制度属性、特征和现代启示。

（一）清宫造办处技术民俗资料系统、使用原则和研究方法

清宫造办处是一个有连续工程档案的清代内务府工程管理机构。它的工程档案，由中国第一历史档案馆和香港中文大学文物馆编为《清宫内务府造办处档案总汇》

出版[1]。在这套历史档案中，含有自清雍正元年（1723）至清乾隆六十年（1795）行业档案五千余册，历时72年。它们按行业作别逐年逐月地进行记录，是一套完整的政府管理传统行业施工项目的历史文献，可以帮助我们获得对清代中期以后传统手工行业历史和行业组合工程的整体认识。这种档案在民间是无法找到的。但是，由于这批档案所涉及的手工行业核心技术和施工过程又是通过口述方式呈现的，是在师徒结合的手工行业系统内完成的，而这方面的实际内容要通过田野调查获得，所以对这批档案又十分适合从技术民俗学的视角开展调查研究，重点有四：一是清宫造办处官员与工匠之间口头对话的技术民俗内容，二是行业工程的技术民俗，三是历史名匠及其行业组织的社会网络，四是手工行业的原料配方和施工方法的文化价值。这些内容不被清宫造办处档案所记载，即便有个别的、零星的记录，也不能仅仅依靠档案文字就能读懂其中的实际含义，所以要开展历史档案与田野调查的互补研究。

---

[1] 中国第一历史档案馆、香港中文大学文物馆编《清宫内务府造办处档案总汇》（全55册），北京：人民出版社，影印本，2005。

本项研究分三个阶段展开。

第一阶段，阅读造办处档案，补充搜集民国初年至1956年北京市政府工商档案、相关老字号企业档案，建立行业数据库。清宫造办处档案共记录61个行业，分土木建筑营造、家具、陶瓷、丝织染绣、景泰蓝等金属加工，雕漆等漆艺、造纸和文房四宝、内画壶刻绘工艺和编织工艺等14类。北京现存21个行业老字号，我们已调查12个行业，占总数的57%。

第二阶段，对其中6个老字号企业做全面调查，我们也参与这些老字号的企业非物质文化遗产保护工作，让老字号企业了解我们的学术目标，双方建立良好的合作关系。

第三阶段，确定3个重点个案，开展描述性研究，它们是：北京工艺木刻厂小器作、北京园林局古建工程队油漆彩绘作和北京绢花厂花作。描述性研究的主要内容有：工匠和企业对清宫造办处行业的了解程度、传承历史与现状，工匠组织与民俗传承，含师徒传承、作的传承、家族传承、学校传承、接班传承、组合传承和传承关系谱系图，工匠技术与民俗传承，含画稿，工具传承，工具使用方法与产品和工程的关系谱系图，作坊、车间、展台、老照片、故事、歌谣、口诀、祖师信仰和祭拜仪式。

关于对清宫造办处传统行业的技术民俗学调查，其对象成立的条件与可能性，我们的认识有三点。

第一，在北京首都历史文化城市中，政府对清宫造办处的管理制度保持了连续性。我们在调查中得知，1949 年后，在北京政府管理下，清宫遗留皇家建筑工程仍平均每 15 年大修一次，每 5 年小修一次，始终被精心修护。

第二，清宫造办处传统行业的工程技术和施工材料，及其利用的延续性，是北京政府长期保护皇室宫殿、皇家园林和皇家寺庙建筑的依据。梁思成和林徽因曾参与调查清宫造办处建筑遗产，后来撰写了《清式营造则例》，他们指出：

> 在京师以外许多的“敕建”建筑，都崇奉则例，不敢稍异。现在北平的故宫及无数庙宇，可供清代营造制度及方法之研究。优劣姑不论，其为我国几千年建筑的嫡嗣，则绝无可疑。不研究中国建筑则已，如果认真研究，则非对清代则例相当熟识不可。在年代上既不太远，术书遗物又最完全，先着手研究清代，是势所必然。[1]

---

[1] 梁思成《清式营造则例》，林徽因执笔《第一章 绪论》。北京：中国营造学社，1934。

梁与林在此书中，用现代科学的方法，研究和阐述清代皇家建筑工程的木、瓦、石、棚和油漆彩绘各作的传统工艺技术，也提到了民间谚语。他们没有讲的是，清宫造办处管理机构是怎样一个组织，但他们所阐述的北京故宫和北京庙宇建筑，都是清宫造办处所辖下的维修工程或扩建项目。他们提到的“清代营造制度”，就是清宫造办处管理制度。他们还认为，清代这方面的“制度及方法”，因为“在年代上既不太远，术书遗物又最完全”，故值得研究，他们所强调的对清代施工“方法”的研究，也正是我们认为必须采用技术民俗学的角度，向施工工匠调查的行业知识。

第三，清宫造办处的工匠系统和行业组织仍是一个“活着”的系统，部分历史名匠的徒弟或后代现在仍能找到，他们在社会主义管理体制中被重用，在改革开放后的非遗管理体制下得到保护。例如，20 世纪 50 年代，北京市政府领导曾带苏联专家访问过清宫花作传世工匠金玉林，现在金玉林的幼子金铁铃成为世界级的花作工艺传承人，金玉林的其他后代仍在北京花作生产的历史街区生活，这些都是我们开展这项研究的有利条件。

（二）北京清宫造办处技术民俗遗产的内涵

技术民俗及其优越的生产文化是中国农业文明的瑰宝。许慎的《说文解字》从不同角度描述了工匠的性质，我们可归纳为四点：①能巧之人，《说文解字》五上工部云："工，巧饰也。""巧，技也"，指工匠是有传世技术的能工巧匠；②能巫之力，《说文解字》五上工部指出，工匠"与巫同意"，这是指工匠能通巫，通神，有运作自然物和人工物的神秘力量，如鲁班的鬼斧神工；世界其他一些国家也有类似的说法，也有与鲁班同类的神秘巧智故事；③能使之器，《说文解字》五上工部："象人有规矩"[1]，指工匠能发明和利用工具，并借助工具完成各种精巧的制作。④能作之坊，《说文解字》七下宀部："百工"，监督管理"宰"，这是指工匠是在作坊中劳作的，

[1] ［汉］许慎《说文解字》。关于工匠的工巧、能巫、规矩和百工的解释，参考了王宁教授的说法，参见王宁、谢栋元、刘方《〈说文解字〉与中国古代文化》，复印本，第15—16页。作者在此书中指出工匠的三个特点：①工匠是有神秘性的职业，工的性质等于巫。"巫"从"工"。这种人有与神鬼通话的能巧。②工的技能有"技法"、"精巧"之意。"式，法也"，"巧，技也"。工的技能能达到极其巧致，引申为"齐整"。工是在汉字有形位、有特殊文化造意的文字符号。③工的操作需要工具。"象人有规矩也"，"巨，规巨也"。

作坊一级已有行政管理者，有官职，负责组织工匠施工。这是一套传统技术民俗观，由汉及清，一直传承下来。

清宫造办处档案所记载的工匠技术和工作组织具备以上特征，在现代传承行业老字号中，这些观念和运作方式得到保存。需要说明的是，20 世纪以来，北京虽然历经战争和巨大社会变迁，但清宫造办处技术民俗的施工对象并未受到破坏。即便是经过新中国初期的公私合营改造，后来又受到了“文革”冲击，但它们早已被列为国家重点文化保护对象，改为公共博物馆、历史文化公园和政府机构等办公地点，所以一直得到很好的保存，其技术民俗内涵也作为皇家御用历史的整体结构，获得了合理的保护理由。我们考察其技术民俗遗产的内涵，主要讨论以下几点。

1. 清宫造办处技术民俗的归属制度

清宫造办处有政府与地方统一的技术民俗归属制度，此指造办处有行业原料的历史产地，可以征用历史作坊的公认名匠，能采用减免税收和技术购买相一致的方法，进行工程施工，这就使技术的政府归属制度与行业的地方组织制度统一起来。在这种社会制度下，广大工匠产生了严密的行业组织性，对政府和师傅有双重归属感。在民国时期，手工工匠曾成立过同业公会，但工匠技术的政府归属制度及其师徒传承制的统一性始终没有改变，工匠技术仍属于“行”，而不是“会”，同业“公会”也不等于现在的“工会”，而是“行”的福利组织。

历史名匠是技术民俗归属的社会制度的承担角色。北京清宫造办处各行业的历史名匠都是拥有这种双重身份的。他们拥有熟练而精美的技能，既是同行称服的名匠，又有政府所授高级职衔的技工。他们顺利地从行业分层进入社会分层，获得较高的社会地位。在上面提到的花作名匠金玉林的经历中，可以看到这种变迁路线。金玉林的家族，五代从事绢花手工制作，其祖上出入清宫造办处，号称“花儿金”。汤用彤等在《旧都文物略》中提到他：“光绪间，有金姓者，制纸质盆花及瓶花，精巧无匹，人呼为‘花儿金’，至今此业尚无出金姓右者。”[1] 这位“花儿金”的第四代传人是金玉林，曾任清宫侍卫。他的技艺优异、制品传奇。新中国成立后，他

---

[1] 汤用彬、彭一卣、陈声聪编《旧都文物略》，北京：书目文献出版社，1986，第 255 页。

用绸绢创制花卉，用传统方法制成仿真蜡果，多次入选国家礼品，后成为全国人大代表和全国劳动模范，具有技术能手与社会声望人物两个身份。小器作的名匠张玉宽，曾是出入故宫的一代名匠，又是北京市劳动模范。历史名匠都曾有清宫的特许通行证“腰牌”，1949 年后，又分别获得很高的政治荣誉，金玉林就曾登上天安门城楼，受到过毛泽东等国家领导人的接见。还有其他一些北京名匠，也在政府和行业中受到双重尊重，是榜样人物。从清代的“腰牌”化，到新中国的“劳模”化，他们在两者之间顺利地过渡，成为技术民俗归属政府制度的符号。

2.“作”与“行”的组织谱系

在行业工匠的社会组织方面，通过考察清宫造办处现代老字号传承企业，我们发现，这些行业组织的性质，也与以往西方学者考察中国行会的结论有所不同。我们查阅了清宫造办处档案、北京政府工商档案和企业档案，同时使用了田野调查资料，可以看到，传统行业组织的知识传承，主要是在“作”与“行”中进行，这不同于西方著述或使用西方概念研究中国行会的著作中的“会”。

在清宫造办处现代老字号传承企业中，在老工匠中，至今仍能查到五代师徒谱系。由谱系可见，在工匠组织里分“作”与“行”的三层结构。

第一层，师徒之“作”。它由师徒结拜的途径形成，小规模，单一行业，少量加工，慢工细活。

第二层，同业之“行”。由大型工程需要产生，形成同业之间“作”与“作”联合施工，如以上梁思成和林徽因著作中提到的清代营造建筑，就由木作、瓦作、石作、棚作和灰作等联合，结成土木同业之“行”，诸行同作，完成一项建筑营造工程。

第三层，诸业之“公会”。此指“作”和“行”的组合，共同施展智慧和才艺，执行和完成特定工程项目。北京几乎所有的皇家宫寝、皇家园林和皇家寺庙的修葺，都需要土木业和油漆彩绘业的配合。在土木业之下，又有木、瓦、石、棚诸行；在油漆彩绘业之下，又有“油漆作”和“彩绘作”的区分。但这些行业长期合作，已形成内部认同的“五行八作”，大家长期共同承担皇家建筑工程。

“作”与“行”的特征有五。第一，它有技术民俗的传承谱系，能保障技术民俗的保存和发展，当不涉及产品的交易和定价。清宫造办处传承行业所承担的全部工程，皆由政府买单，工匠和企业方都不接触财务，没有讨价还价的余地和社会交易的空间。这与行会或商会的“会”是不同的。“会”是定价交易和实行福利的联盟。第二，它有公认的技术标准，不为家族势力所左右。工匠对皇家工程的纪律性很强，恪守行规行德，用林徽因的话说“极忠实”[1]。虽然“作”与“行”都有家族作坊，但家族作坊是生产单位，不是技术标准检查单位。为了保证质量，在工匠组织中，甚至采取回避家族亲属的政策，如不许招姑爷、舅爷和少爷，避免其干扰技术民俗的政府归属，北京的木作、小器作和油漆彩绘作就有这种规定，当时叫不招“京三门”。相反，在“会”中，以家族权威掌权者居多，形成家族链条。第三，形成专业制造、生活服务和祖师信仰相融合的行业生产生活空间。清宫造办处传承行业有在社区内寻找铺保的习惯，作坊与铺保犬牙交错，互惠互助。在北京崇文门东便门一带，曾有花作千余家，由绢花作坊、铺保、寺庙和税关共同组成一个历史空间，统称“花市大街”。在北京崇文区（今东城区）东晓市大街，自清代至今，都是木作社区，曾有木作和小器作的作坊几百

---

❶ 梁思成《清式营造则例》，北京：中国营造学社，1934，林徽因执笔《第一章绪论》。

家，同行云集，毗邻寺庙。在这些行业的社会空间内，工匠可以就近解决原料、技术学习和工具制作的多样需求，他们在生活上也互相照顾，在寺庙活动中也共同出力，高度团结。第四，技术民俗日用化。民国时期，木作接纳鞋行和缝行入行，这样能在内部解决工匠对衣服鞋袜等日用品的需求，也解决绱鞋和制衣行对木作产品的需求。在这些行业之间没有商品交易，只有你情我愿的物物交易。在大型工程中，在“作”与“行”无法承担原料等的成本时，就从银行贷款，工程完成后以产品偿还。第五，“行”是工匠技术社会化的平台。“行”与“作”之间互相拜师，也有家庭联姻现象，油漆作名匠闽于柳，娶彩绘作名匠解史长的女儿为妻[1]，闽与解两人同时带队承修故宫某建筑，并肩奋战一年多，一个担任油漆技术总管，一个担任壁画彩绘技术总管。

3. 技术民俗传承的社会制度制约

清宫造办处行业工程分三类，即皇室宫殿、皇家园

[1] 遵循田野作业的学术伦理原则，根据被调查工匠本人的意见，这里暂隐去部分行业著名工匠的原姓名，使用了化名。

林和皇家寺庙。这些皇家工程后来被政府法定“文物化”，其修缮和建筑都要求还原传统工艺技术和历史风格。这些工程不允许改变的内容，包括行业组合和工艺知识、原料配方和操作方式。著名老工匠大都是通才，在三类工程中，他们被四处调用，指挥施工。老工匠还要向徒弟传承皇家生活的历史知识，帮助后人理解传统工艺的社会历史背景和民俗意义。技术民俗和施工知识都通过口传和背诵进行传递，从不对外。如果是对外工程，就要有安全保护措施。此外，应该引起现代学者关注的，还有以下两点。

第一种，技术民俗分类。以油漆彩绘业为例，分为七类，分别是：“地仗、油饰、金活、烫蜡、扫绿、牌匾刻字和大漆”[1]。梁思成在《清式营造则例》中的分类是：“大木、瓦石、装修、彩色”[2]。将工匠的施工记录与学者的研究著作对比，可知工匠的技术民俗分类是描述性的，包括结构、原料、技法、程序、内部术语和工程效果。建筑学者分类是理论形态的，适用于教学科研，

[1] 赵立德、赵梦文《清代古建筑油漆作工艺》，北京：中国建筑工业出版社，1999，《目录》第7—9页。

[2] 梁思成《清式营造则例》，北京：中国营造学社，1934，《目录》。

两者之间是有区别的。我们通过向工匠调查，还进一步了解到他们的生产民俗和行业术语，大部分术语至今还在使用。清宫造办处档案对这些都没有记载。

清宫造办处档案对工程项目有记载，但都是产品记载，而不是技术分类划分。现在通过调查工匠传承人，才明白这些知识都是在工匠内部口传的。但掌握了工匠的内部口传资料，再来看清宫造办处档案，就比较容易理解。现在学者和政府对传统工艺的分类，与清宫造办处档案和工匠传承人的分类，都有所不同[1]，这是学者和某些管理者决定的，不符合技术民俗的分类，例如，关于花作的分类，一般作者和非遗保护工作者用现在意识形态和使用功能划分，分成喜庆花、丧花、供花、戏剧花等，这不利于技术民俗传承，应该做出调整。

第二种，皇家礼仪和宫廷生活历史知识。工匠执行皇家建筑工程的修缮工程，不仅要在内部传承技术知识，也要传承皇家礼仪和宫廷生活的历史知识，在这方面，所谓技术民俗传承，是通过民间文学的方式进行的，即

---

[1] 关于当代花作技术的分类，参见丁铁军、张亚伟《绒绢纸花业》，收入北京市政协文史资料研究委员会北京市崇文区政协文史资料委员会编《花市一条街》，北京：北京出版社，1990，第 31 页。

背诵口诀。举个例子说，皇家殿宇用瓦的口诀是："皇上住的太和殿是黄琉璃瓦，御园北海是黄琉璃瓦绿卷边，天坛祈年殿是黑琉璃蓝卷边。"彩绘作使用"金线苏画""官式彩画"和"金龙合玺"等说法，有另一套口诀。五行八作组合的大型施工也有口诀，叫"石木瓦砸扎、油漆彩画抓"。我们通过综合使用档案和田野资料，可以认识它们传承的生命力，也能了解国家制度保障对于技术民俗传承的重要作用。

（三）技术民俗的社会制度属性和特征

1. 技术民俗学视角的研究要点

清宫造办处传统行业现代传承的个案研究，值得我们关注的是，其技术民俗是在何种社会结构下传承？应该承认，皇家行业组织一个相当特殊的社会组织，他们拥有最优厚的社会资源，即由政府掌握和分配的优良生态资源与物质调动权力，他们的手工产品也曾在历史上全部被皇室征用，不存在个体定价和商品交易的风险。他们处在农产品与商品的中间地带，没有过渡到商业社会，而始终停留在产品社会中。他们创造行业性的产品，在政府管理下的“作”和“行”中进行，顶多到达“业”的联合结构，因而形成一种带有道德、忠诚品质和技术产品制度归属合一的公有性。尽管清宫工匠是从农业社会分化出来的小资本占有阶层，但由于与商业活动的隔离，这个小资本阶层的资本意识并不发达，而是全身心地投入到工艺制作中，追求产品的艺术性。所以，在北京，这批工匠也自称为“艺人”，著名的工匠师傅被尊称为“老艺人”，他们的出色弟子又被称为“小艺人”。清宫造办处作坊的产品正是在这种技术社会的结构中被打造成绝世精品，同时也培养出一批技艺绝伦的能工巧匠。技术的艺术化还使技术组织具有某种独立性，能成为政府管理下的基层社会组织。当基层社会组织获得稳定延续后，又能起到巩固手工行业的生命力的作用。这种行业模式的存在，对我们今天思考政府保护手工技术的途径也多少有些启发。

2. 技术民俗传承的知识结构

技术民俗在何种知识结构下传承？从个案研究看，在这方面，有师徒传承与学校教育传承两种途径。传统师徒教育是感悟式教育，要求在有限资源和限定时间内，把头脑的悟性和工艺创造力发挥到极限，创造出独一无二的精品。它的评价标准之一是手工绘图能力，要求通过绘图和修改绘图，调整手与工具对原材料的处理方式和对产品的艺术想象，最后制成手工产品。20 世纪 60 年代以后，北京实行现代学校培养工匠的制度，这使传统的师徒教育一度断档。现代学校教育扩大了行业工匠人才的培养规模，但对技术民俗传承是一种损失。用老工匠的说话，“师傅带出来的徒弟，跟校门出来的学生，根本不一样”。“学校培养的人才都会设计，但他们设计出来的图纸，工人不会做”。师傅培养的徒弟却是通才，能绘图，能在某种工序制作上掌握绝活，还能做多个工序的制作，他们的绘图是在对整个施工过程的全面理解基础上完成的，所以有利于施工。小器作名匠张师傅有两个徒弟，一个能绘图，一个能设计，张师傅坚定地认为，能设计的徒弟可以去写书，能绘图的徒弟才能成为下一代“艺人”。

3. 重新讨论“行”与“会”的概念

技术民俗在何种组织体系中可以传承？这是我们最后要讨论的问题。本个案讨论的清宫造办处技术民俗肯定不是普遍现象，但它却告诉我们一个十分具体的事实，即在某些获得政府管理资源的传统行业中，其所创造的独特技术，专门工艺管理方式和卓越艺术精品等，可以直接转型为现代社会条件下的人类文化遗产保护和社会文化组织的保护对象。

步济时（John Stewart Burgess）曾于20世纪二三十年代调查过北京传统木作和小器作，他认为，行业是控制价格、争取福利和实行地方垄断的组织体系[1]，但从本个案的调查与研究看，他的观点就是出自西方行业组织或宗教社团概念的说法，并不能用来概括中国行业组织的实际情况。他将“行”与“会”混谈，还将“行”与“行会”“同业公会”和“商会”等同研究，也未免冒险。而从本个案看，从中国实际出发，考察工匠的技术民俗知识系统，这对于正确理解中国的传统工艺是十分必要的。

近年全球化流行，崇尚高科技和大工业速度，轻视

---

[1] ［美］步济时（John Stewart Burgess）《北京的行会》，赵晓阳译，北京：清华大学出版社，2011，第22页。此后的一批学者也将“行”与“会”统作“行会”研究，参见池泽江，娄学熙，陈问咸编纂《北平市工商业概况》，北京：北平市社会局发行，1932。［日］仁井田陞《北京工商キルド資料集》，1页，第1卷，东京，岩波书店，1975。Madeleine Yue Dong（董玥），*Republican Beijing — The City and Its Histories*，Berkeley：University of California Press，Berkeley-Los Angeles-London，2003.

手工艺，这种倾向是需要警惕的，它忽视充满个性化的、非商品的行业民俗追求所带给人类的巨大创造激情和个性化的创造力，也忽视了在生态资源、生产速度与就业人口之间取得平衡的手工生产带给我们的思考。近年市场商品化和城市化，也给手工业带来新的冲击，老字号企业的工匠群体产生了由以往“会”来承担的福利要求。他们对清宫造办处行业的历史自豪感，手工技术的艺术化阐释，以及积极从事手工业劳动的就业态度，首次出现了矛盾。他们甚至不愿意让自己的子女从事手工行业，这是不利于传统工艺技术民俗的未来传承的。

结　论

本个案研究所得出的主要不是自然科技史的结论，而是社会史的观点，以下简要谈三点。

第一，近年我国通过文化遗产保护，特别是“非遗”保护，关注到许多以往比较忽略的历史文化现象，形成了具有自己特点的遗产文化建设形态。清宫造办处技术民俗传承已进入这个建设形态中。它的个案还告诉我们，在中国这个富有手工技术人才和工匠组织的社会中，其技术民俗大都是通过文化传承完成的，包括师徒传承的通才教育，忠诚于技术伦理的思想境界，提倡行业合作的历史规矩，追求自然环境与原材料、生产节奏与就业人口相制衡的运作方式，以及讲究自然环境中的审美欣赏与历史价值的传统等，这些都是中国人自己创造的技术文化，应该珍惜。

第二，使用历史档案和田野调查资料研究技术民俗传承，要找到能解释手工产品的具体文献与对应的田野资料，实是一种两难期待。这样做的结果，可以验证产品的个案知识，但也为无法对接的大量非个案留下了争论。因此，在这类研究中，考察工匠的专业知识系统，比考察物化产品本身更重要。我们更应该考察的是工匠产品的社会史，以及附着在社会史中的技术史，而不会是纯技术史。

第三，对工匠个人经历与行业组织的调查资料，是一个带有很大差异性的资料系统。同一种社会环境、同一种行业，可能因为工匠的个人经历、地方传统和日常生活的不同而大为不同。在这种研究中，民俗叙事是一个切入点，工匠群体会把人生经历、社会体制、生活方式、技术改造，个人受教育程度，以及受书面文献影响所形成的意识偏差，压缩在民俗叙事中，使我们得到在书面文献和其他田野调查中都不能获得的资料。

个案之二：农村水渠管理制度与技术活动❶

我们谈过宫廷和城市，再谈农村和村社组织，主要谈农村生产矛盾最为集中的水利制度及其技术民俗。

一般研究农业水利制度，比较关注农村的社会关系，将之作为观察农民解决用水需求的途径，但农村水渠管理的技术活动同样是不能忽略的。山西四社五村正是这样一个案。当地农民管理水渠是一套适应自然地理因素和地方民俗文化传统的生态文化活动。缺水农民的社会关系并不是很紧张的，在他们的观念中，水渠的社会管理与技术活动同样重要，其中技术活动还有相对独立性，因为它要适合水性、善于利用水环境，并懂得水渠工程的使用规律，这点与管理土地和管理粮食不同。几百年

❶ 本节的框架部分曾在法国高等社会科学研究院做过演讲，法国同行蓝克利（Christian Lamouroux）教授和魏丕信（Pierre-Etienne Will）教授对讲稿进行过评议。蓝克利教授曾将本讲稿译成法文，谨此致谢。

来，当地农民在自己的水渠管理传统中生产生活，在极端干旱的环境中，建立了一个合作节约用水社区。从社会史和水渠技术管理两方面考察这类个案，会对华北缺水地区的用水文化建设有一定启示性。

20 世纪 90 年代末，我和法国同行蓝克利（Christian Lamouroux）教授合作，在山西和陕西农村做华北民间水治调查。我们从民间水利碑和农民自治水利组织管理入手，研究华北基层社会运行的历史和机制，调查研究的个案之一，是位于山西南部旱作山区的四社五村，这一个案的研究结果见于《不灌而治——山西四社五村水利文献与民俗》一书[1]。但出了书，研究并没有结束。过去我们用社会史的方法研究水利碑，而水渠问题终究与水利技术相关，于是，我们重新阅读各种搜集文献和田野调查资料，很快发现，开展对农民水渠管理技术活动的研究，不仅是可能的，而且是必要的。这方面的历史在水利碑中已有记述，后世也在传承。特别是民国以来，在社会变迁和水环境日益恶化的条件下，农民水渠管理

[1] 董晓萍、［法］蓝克利（Christian Lamouroux）:《不灌而治——山西四社五村水利文献与民俗》，北京：中华书局，2003。

的技术活动还在社会管理中占据了支配位置，连农民的婚姻、贸易和宗教信仰都要服从它的运行。当然，可以肯定地说，在一个严重缺水的山区，农民在处理生存与用水的矛盾的过程中，社会关系是平衡的杠杆，但农民还要通过管理水渠的技术活动来撬动这个杠杆。在干旱自然环境的改变比起社会变动要远为缓慢的规律下，农民自治水利传统反而被更为有效地执行和被完善，这本身就是一种近代历史现象。本节拟从这一角度来补充以往研究的不足。

山西四社五村水渠，地处山西省洪洞县、霍县和赵城县交界地带的霍山山峪中[1]，是一条由依靠搜集山区地表水建成的民间引水工程。这条水渠使用了八百多年，从古代开渠延续利用至近现代，一直没有被废弃，至今是当地农民使用的主要水源。掌控水渠的是农民自治水利组织，为首的管理者叫“社首”。水渠的所有维修经费由农民集资，归社首支配使用。当地共有 15 个村使用这

[1] 山西省赵城县于 1954 年与洪洞县合并，统称“洪洞县”，1985 年以后，霍县也改为县级市，现称“霍州市”。但考虑到当地水利史料和本地人仍用原称，本节所使用的水利碑和水册仍使用洪洞县、赵城县和霍县，故本节仍使用洪洞县、赵城县和霍县的原名，或称“三县”。

条水渠，其中有 5 个村是水权村，叫“四社五村”。四社五村轮流执政，每年一轮，执政者叫“执政社”。执政社管理当年的水渠事务，并在来年举行“清明会”仪式，移交给下一个执政社，周而复始，从不改变。1997 年我们第一次到达这里时，发现四社五村的组织还在，各村社首由本村的村长和村党支部书记担任。他们既是传统的代言人，也是国家农业改革政策的基层执行者。在以后长达 6 年的调查中，四社五村给予了大力配合，现在四社五村依然活跃。社首曾对我们说，缺水农民的社会关系并不是很紧张的，所有纠纷都是为了“争渠首、争水日和争水权”。在他们看来，管理水渠不是管理土地，也不是管理粮食，管理水渠要有适应水性，善于利用水环境和懂得水渠工程使用规律的一套办法。从我们的调查研究看，他们成功的水渠管理得益于两条：一是重视利用历史传统，虽然这条水渠的作用在民国以来的百年中得到突显，但这是社首组织坚持执行古代水利碑管理形成的历史传统的结果；二是牢牢掌握自治水渠管理中的水权制度和水日分配体现社会公平公正思想的核心部分，将之引入地方社会现代变革进程中，在日常实践中积累了新的创新经验。改革开放后，他们正是依靠这种管理，做到了节约用水、发展经济、又能服众。他们中的义旺村还连续 28 年被评为山西临汾地区的红旗党支部和小康示范村。这是以民间水渠管理带动农村社区发展的一种个案模式。

本节根据四社五村水渠管理的这种特征，使用农民社首长期利用的三通水利碑，也使用该组织近现代创新利用历史传统的田野调查资料，分析四社五村的民间水渠管理技术活动。本节的研究方法，主要是从民间水利史的视角出发的，这不是按照现代社会的技术观念去研究农民水渠管理的技术内涵和技术实践，而是从农民本身的观念和行为出发进行研究。我们还关注农民技术活动与历史传统的紧密联系，观察其在一个微观系统内的运作，并在此基础上指出这种研究与社会关系研究的关系。本节的结构分四部分，一是当地古代水利碑管理传统与民间水渠管理的技术制度，二是民间水渠的供水制度与民国以来的技术改造活动，三是民间水渠的技术管理与社会关系管理，四是民间水渠的水费收缴与现代农村税费改革。

本节较为全面地阐述农民在与干旱相处的过程中创新发展的适合地方生态环境的水利技术活动，提出在华北地区整体缺水的环境中，关注这种在不同地理历史条件和不同社会群体中形成的小型多样的民间水利组织的生存活力，珍惜他们积累的技术经验，尊重他们创造的生命奇迹，这对保护华北用水文化的多样性，具有学术价值和社会现实意义。

（一）古代水利碑管理传统与民间水渠管理的技术制度

当我们重新阅读山西四社五村的所有水利碑，也参考相关水册、地方志和田野调查资料时了解到，当地存在着另一层围绕水渠产生的民间水渠技术管理制度。它的含义，不是指农民的水渠运行与国家政府管理的关系，而是指水渠运行与本地自然环境和用水历史传统相协调的技术活动的关系，包括水渠选址、水权归属、供水路线、水日分配、工程摊派和对水渠水量的管控制度等。在当地较为缺水的古代水环境中，这套技术制度发挥了历史功能；在晚清当地水环境恶化后，这套技术制度起到了关键作用。在民国时期，这套技术制度还把四社五村管辖范围内的村社土地资本、粮食权利、财会制度和民间宗教都变成了水渠管理附着物，牵动了地方社会关系的运转。相对于社会关系而言，它演化为一系列有相对独立意义的、维护、延续和放大水渠工程的文化价值的技术活动。

1. 水利纠纷与水利碑规约

华北农村水渠的民间自治及其技术发明大都起因于经常性和继发性的自然灾害，主要是旱灾。在四社五村，农民在抵抗旱灾的群体活动中产生用水纠纷，其根本解决途径，就是自修水渠和发明使用水渠的技术制度。在历史上，当地镌立的水利碑赋予四社五村水渠管理的绝对权威，也成为古代政府管理与社首管理相协调的历史契约。这种水利碑管理传统，减少了个别村社独占水渠的恶性事件或破坏水渠工程的暴力冲突，对水利工程的长久利用形成了民间习惯法的保障。

据我们研究这一带的地方志和相关地方文献，以及对当地农业气象部门的调查，在历史上，四社五村管辖范围并不是水环境最差的山村，但有季节性缺水问题。还有一个比较突出的问题是，四社五村地跨三县，属于行政上的“三不管”，包括民间水渠流经县别不同，流经土地的县域归属不一，发生纠纷的村社所属县级管辖部门不同；所以一旦水渠用水出现纠纷，解决起来十分棘手。在这种背景下，四社五村社首组织就成为政府默许而农民拥戴的强有力的民间自治水利组织。一旦水渠纠纷惊动政府介入，会由三县上一级的“霍州邑”州府出面断案，四社五村社首最为看重的“金明昌七年霍州邑孔涧庄碑”，正是这种性质的官司碑。这是一场发生于12世纪末（1196年）的水利纠纷，我们从碑文中可以得知，水利纠纷的最初地点就是四社五村水渠工程的开渠地点，即霍山的孔涧峪和青条峪水渠的上游村沙窝峪村；水渠的水源类型为霍山植被水、少量泉水和地表水；发生纠纷的原因是水渠渠道“沙渗水细”，水量不稳定，造成下游村庄中“下社”李庄村与上游村庄中“上社”沙窝峪村和孔涧村争水械斗。官司打了三年，最后州府判为上、下游村共用水渠。在这通碑文中，出现了“上社”和“下社”组织与州府官员征求“村头目乡老”意见的记载，我们可以看出，当地村社组织参与管理水渠的历史在八百年前就开始了。社首还保留了后世的水利碑，从这些碑刻看，金代以后，这条水渠的水利纠纷结案的方式都如此，在有政府参与的情况下，当地仍遵循前代的做法，按社首管理水渠组织的认可和水渠流经村庄是否同意合作用水的意见断案，而不是按照水渠各段的行政归属断案，水利碑称此为“上世已然矣”，“厘其事，别其地，为水籍”[1]。

四社五村水利碑记述解决水利纠纷的主要内容是，承认水渠为农民依山区地势自筹修建的水利工程，社首组织管辖水渠的技术活动标志是开发高地势村庄的水源为公共水源，设立水权村和水日的核心制度，并建立使用水渠的轮流顺序和工程摊派条规等。因“金明昌七年霍州邑孔涧庄碑”的立碑历史最早，又立于水渠的渠首，对控制水渠全线水量的意义重大，所以一直引起四社五村组织和广大农民的高度重视，一直延迟至后世，此碑条款依然是社会管理水渠的技术活动和解决水利纠纷的权威依据。

2. 流经路线、水权村与水日

但是，社首们都不是水利工程师，他们所从事的水

---

[1] 以“明嘉靖元年霍州水利成案碑”为例，四社五村水利碑已有这种说法，详见董晓萍、［法］蓝克利（Christian Lamouroux）《不灌而治——山西四社五村水利文献与民俗》，北京：中华书局，2003，第 347—351 页。

渠技术管理活动，不是现代技术操作规程所规定的条例。他们管理水渠的目的是使水渠工程达到技术指标，充分发挥作用，以满足当地生产生活用水需求的社会效益。他们的技术活动的支撑点，就是确定水渠流经路线和认定水权村和水日。

首先，是确定水渠的流经路线。四社五村管辖的 15 个村分布在洪洞、赵城和霍县三县犬牙交错的边界地带，水渠的流经路线是水渠水量的地理消耗过程，也是各村共享水渠的历史见证。从金明昌七年霍州邑孔涧庄碑的规定和我们的调查看，这条流经路线起首于上游村孔涧村和沙窝峪村，截至洪洞县的仇池村，历时八百余年，基本没有变动。可以想见，没有四社五村社首强有力的社会执行力和技术管理能力，是做不到这样的。

其次，是认定水权村和划分水日。四社五村社首管理权分而治之的下属主要村社为水权村。在使用这条水渠的 15 个村庄中，有 5 个是水权村，它们是：仇池村、南李庄村、义旺村、杏沟村和孔涧村。水权村占据水渠的下游、中游和上游，依次称“老大”“老二”“老三”“老四”和“老五”。它们是在各村地段内控制和分配水渠用水量的村庄。所谓“用水量”，指按四社五村社首的规定，每月以28天为期，向三个县的三个方向供水。供水时间按5个水权村分成5份，这个供水时间又叫“水日”。在当地，水日，是衡量水渠全程供水公平与否的关键。上游村孔涧村地处水渠水源地的优势地段，故水日最少，为3个水日。“老四”“老三”和“老二”三村，由近及远地分布在水渠的中、下游，分别为4、6、7个水日。位于渠尾的下游村，“老大”仇池村，因水渠沿途渗水，到达仇池村时已水量不足，故获8个水日。在5个水权村之外，其他10个村庄的用水分属这5个水权村管理，叫附属村。水权村在本村人口基本满足用水后，对自己的水日再行分配，负责向附属村提供用水。四社五村社首在每月中留出2至3日为机动日，以解决应急用水问题。

3. 民间水渠管理技术活动的原则和民国以来处理的主要问题

使用“金明昌七年霍州邑孔涧庄碑”，辅助使用其他水利碑，并利用相关地方文献与田野调查资料，我们可以得知，四社五村社首的水渠管理技术活动，有以下基本原则：①划定公共共享的水源地，②确定水渠流经路线，③认定水权村、水期和水日，④标示特殊水利祭祀建筑和水利工程样式。

民国以来，水渠的水量减少，他们所处理的主要问题有：①上游村堵卡下游村的用水；②私开新渠；③由水渠管理人（如放水人）报告侵犯水渠的案情；④测量、批准和管理村庄新开蓄水池；⑤由水权村管理地税；⑥水权与地权的纠纷；⑦渠首村用水的纠纷；⑧水渠的水量由大变小引起的纠纷；⑨附属村未经许可取水引发纠纷；⑩两社之间未经一方许可越界取水的纠纷；⑪季节抢种引起的纠纷；⑫社会变迁引起行政边界的变更，所引发的水渠取水许可的纠纷。

四社五村社首对维护流经路线是坚定不移的，水渠流经路线的稳定决定其内部社会的稳定。四社五村社首管理水渠的最高技术制度是确定水期和水日，这在当地已成为社会公平公正的象征。实际上，当地水渠管理的历史传统已日臻完善，恶性水利纠纷事件已很少发生，但社首这套管理制度的警示作用很大，成为左右当地社会管理的不二习惯法。

4. 晚清时期民间水渠技术管理的重大调整与民国以来的传承现状

四社五村社首对水渠管理制度做出的重大调整发生于清道光七年（1827），社首为应对当时干旱加剧的困境，在渠首镌立了“清道光七年龙王庙碑”。今天我们还要重视这通碑，因为它记载了当时社首组织的一个决定：停止水渠灌溉用水，全力保障生活用水。除了这个重大调整之外，社首管理水渠的其他关键技术，如对水渠流经路线、水权村与水日，一应传统规约不变。此碑仍刻写了这些条规：“将四社五村轮流水日开列于后，不惟不失前人创作之志，亦可免后人争水之患，……仇池村捌日、李庄柒日、义旺村四日、孔涧村叁日、杏沟村陆日，周而复始，不许乱沟，违者科罚。”

需要提到的，四社五村社首在使用这通水利碑的同时，还启用了“清道光七年水利簿”，也称“水册”。民国以后，四社五村社首不再刻立水利碑，但一直照前代抄写水册。社首们在水册中写道，他们做出禁止农耕灌溉的决定，“虽不能灌溉地亩。亦可全活人民”，由此我们能看到，他们选择保障生活用水的意识和目的是十分清楚的。关于水利碑和水册的配合利用关系，以及社首在现代社会中一直使用水册的情况，我们已在《不灌而治》中做了分析[1]，兹不赘述。

晚清时期，四社五村水渠已发生严重供水不足问题，乃至必须停止生产用水，维持生活用水，对这种水资源地带的评估，据现在政府农业水利管理部门的划分标准，已属于“赤字水源”地带，降低到人类聚居条件的底线。在世界用水史上，这也会成为人口迁徙的理由。但是，四社五村却做出了与干旱环境相处的选择。从晚清至民国，乃至到现在，这一片村庄既未移民，更未消失，相反那条水渠犹在，渠水缓缓流淌，让农民受益至今。这一结果不能不归功于当年社首断然调整之举。

以下略述近年在四社五村社首和农民中间调查水渠技术管理现状和认同的结果。

---

[1] 关于四社五村社首对水利碑与水册配合使用的调查与研究，参见董晓萍、［法］蓝克利（Christian Lamouroux）《不灌而治——山西四社五村水利文献与民俗》，北京：中华书局，2003，第 314—315 页。

表 1　四社五村社首和农民对水渠流经路线、水权村与水日态度的调查表❶

村社	现村名	同意流经路线	同意设水权村	同意水日	现轮流顺序
仇池村	桥东村 桥西村	100%	是	是	8
义旺村	义旺村	100%	是	是	4
川草洼	北川草洼	100%	是	是	水权村分配 1 日
沙窝峪村	南沙窝	100%	是	是	渠首村

表 1 是对四社五村管辖 15 个村逐一调查的抽样表，可以反映其他调查数据的结果。我们从调查中看到，四社五村水渠从历史上流传下来的技术管理制度和相关技术活动，至今凝聚村庄，安定民心。生活在水渠两岸的

❶ 我们在四社五村上游的孔涧村和沙窝峪村、中游的水权村义旺村和下游的南李庄村与仇池村（现为桥东村和桥西村），以及上下游的刘家庄和北川草洼等所有附属村都反复进行了入户调查和问卷调查，得到问卷 3216 份，计算机处理入户信息 4207 条。本节就其调查分析的综合结果，选择下游水权村仇池村（现为桥东村和桥西村）及其附属村北川草洼，中游水权村义旺村和上游渠首沙窝峪村（南沙窝村）的部分调查数据，按统一格式，根据当时调查的主要问题，对社首和农民的实际回答做简要描述，详见本节表 1 至表 16。本节所使用的 16 个表全部采用统一的数据来源与个案选择方法制表，作者在统一的研究方法和数据使用原则下，进行本节的讨论与分析，故表 2 至表 16 不另注。

农民爱护水渠，如同爱护他们的家庭和村庄。社首和农民在经历了几百年没有水渠私人产权的历史时期后，进入当下越来越多的农民个体拥有私人财产的时代，但他们仍然表现了与其他农民不一样的思维方式和行为方式。他们克制物欲的膨胀，瞧不起毫无节制的四处找水和滥用水的行为。古老的水渠塑造了他们有无相济的世界观，训练了他们节约用水的群体习惯，实现了对最少水资源的最低消费，建设了一种集体节水文化模式。

（二）民间水渠的供水制度和民国以来的技术改造

四社五村在维护水渠水量方面，有一套技术管理制度，其核心思想是以需水量决定供水量。民国以来，当地在取消了灌溉农业的情况下，需水量便成为生活用水的衡量标准，水渠的供水制度和技术改造都是围绕分配需水量进行的。前面提到，当地山坡地带和山脚下还有少量的泉水，可以凿井取用，以井水补充水渠水，但社首将井水管理也纳入水渠管理框架中，作为水渠管理的技术管理兼社会管理的总原则之下的从属管理，这就限制了任何外来因素对水渠水量管理制度的干扰和侵蚀。

1. 水渠供水制度与水量管理

四社五村水渠需水量是对饮水人口的定量测算，而不是土地灌溉用水的需求量。既然是人的需求，就会在一定程度上受到地方传统文化的制约。在当地，需水量分成两类，一是可以定量的需水量；二是不依靠定量测算、而以文化定性的方式表达需水量。我们能从对当地水利碑和水册的田野调查中发现这两类信息。由于水利碑和水册是长期形成的，所以我们重读这些资料时，还能看到这种定量和定性思维形成的过程，这对我们了解四社五村水渠供水制度的历史传统和现代传承有认识价值。

（1）供水量。我们回头看四社五村“金明昌七年霍州邑孔涧庄碑”能获知，当地人最早关注的是上游供水量。他们在八百年前就认识到，水渠的供水量是由上游供水量决定的。但这个问题是由下游村提出来的，而不是上游村提出来的。上游村有三个村，在这通碑的记载中，当年在这三村中最上方的沙窝峪村，发生了一场水战，原告正是下游村，是那里的“下社”头目到上游村取水，引起了纠纷。该下游村就是至今犹存的“老二”

南李庄村。在上游三村之内地处下方的村，就是现在的“老五”，“上社”孔涧村。当年孔涧村暴力阻拦“老二”取水，于是老二就到州衙状告“上社人”“将泉水堵住”，致使“下社人户不得使用”，要求州衙做主，迫使上游村扩大供水量。州衙以保证政府管理的农耕灌溉生产为由，同意裁定上游村扩大供水量。这件事告诉我们，在把水渠用水问题交给政府后，政府就会支持生产用水。而在金代，尽管生产用水还没有发展成为当地的主要矛盾，但生产用水不足的问题已偶有发生，否则下游村状告上游村供水的纠纷也不会立案。霍州衙署从管理生产用水的角度宣判此案应扩大用水范围，也反映了在华北农业管理的历史环境中，历代政府管理的立场。

事隔五百年后，又有一通碑，即“清乾隆三十一年孔涧村让刘家庄水利碑”，是另一个下游村要求上游村保证供水量的例子。在刚才提到的上游三村中，除了最上方的沙窝峪村和下方的孔涧村，中间还有一个刘家庄。这通碑告诉我们，在上游的这三个村庄中，下游的孔涧村向中游的刘家庄村提出，要确保自己的供水量。我们还能从这通碑中看到，截至清代中叶，四社五村水渠管理传统发生了三个变化。①在“清道光七年龙王庙碑”之前，在上游三村中，孔涧村已提前制定了禁止生产用水的内部规约，称“累年以来，其水渐微，人物之用不足”，故“不得浇灌地亩”。②孔涧村与刘家庄谈判的是另一小股山泉“泉子凹”，孔涧村提出了以泉水补渠水之不足的办法。因为泉水不在四社五村社首的管辖权限之内，所以孔涧村的要求并未违反四社五村的规定。为了达到提升供水量的目的，孔涧村还利用神权和民俗仪式，迫使刘家庄接受了自己的条件，刘家庄在碑文中刻写了承诺：“每年六月初六日，备盘羊纸酒在泉子凹神前祭祀，请孔涧村香首盘头主香。祭毕，公享祭物。”刘家庄还承诺对这股山泉水源的水日分配是，以每半月为期，孔涧村 11 日，刘家庄 4 日。刘家庄之所以屈服，是因为孔涧村是水权村，刘家庄是孔涧村的附属村，孔涧村掌握水渠的部分水权，故能对刘家庄处处限制。③在金代与清代的碑中都提到了孔涧村，我们可以看到，孔涧村是用暴力争取到四社五村水渠管理权的村庄，也是提出了控制供水量思路的村庄。

又过了 60 年，孔涧村提出的禁止灌溉水规已变成整个四社五村社首管理的水规，这一转变的重要意义在于，正式建立四社五村水渠供水量与生活需水量对应的概念，这就改变了政府立场下的水渠生产供水量的含义，由政府所强调的生产供水变为农民自己决定的生活供水。它还将生产用水和生活用水共用的“水日”定量管理，转变为生活用水的需水量指标，这就为采用文化定性的方式管理水渠做了铺垫，而孔涧村要求刘家庄在民俗仪式的威慑下提供泉水，就是为自己添加的文化定性指标的护身符。

需要说明的是，以停止生产用水的需水量控制和满足水渠的生活供水量，并非华北农业社会的主流，更非政府管理的主流，但这对于干旱少水又地处三县边界的四社五村来说，却是十分合适的。在清道光七年确定这种水规之后，在不寄托于政府支持的情况下，四社五村社首还加强了对神权的依靠。在不久后出现的清道光十六年（1836）至同治十年（1871）的水册中，连续36年记载了社首祭神的仪式，以前就没有这种情况，这告诉我们，在非主流农业社会的农民自治管理水渠组织中，在一个远离城市影响的农村，民间水渠管理有文化多样性。

在我们调查的晋南其他地区，也有类似这种四社五村的其他农民自治水利组织，如贾村，在贾村的水利碑上，还画有漂亮的水渠流经路线图，四社五村水利碑就没有这种水渠流经路线图。但在四社五村，社首们管理水渠流经路线、水权和水日的历史传统，依靠将水渠的生产供水变为生活供水的集体智慧，保障了水渠的生命力，并使水渠管理技术制度成为四社五村生死系之于水渠的根本社会制度，这种作为是更漂亮的。它不用数学公式表达，但它给农民带来了水渠的地方依附感和社会安全感。

（2）需水量。四社五村以定量方法确定水渠的需水量，是采用蓄水池测量的方法。按四社五村社首的规定，在 15 个村中，每村只能修建 1 个蓄水池。蓄水池的容量按本村人口数量计算，不许超出。蓄水池的形制，依山势而建，保留一定的坡度，以利水渠灌水，因此当地农民也叫它为“坡池”。水渠在规定水日内给某村的蓄水池输送渠水；水日期满后，再向另一个村的蓄水池提供渠水。当地干旱缺水，水渠水量不定，不能保证在水日内灌满蓄水池；再加上民国时期的水渠仍为土渠，沿途渗漏，到达各村后的供水量并不均衡，这也会造成蓄水池水量事实上的不平均。但是，水日是固定的，无论在任何自然条件和社会历史时期，社首都不会改变水日，他们分配水资源的公平公正性就体现在水日上，农民称之为“绝对时间”。社首组织的魅力正在于此，当地农民对于用水传统文化的自信力也在于此。

到我们去调查时，四社五村社首和农民还严格地以蓄水池需水量控制供水量，并做到上下一致，一丝不苟。

表 2　四社五村社首和农民对“坡池”供水态度的调查表

村社	现村名	现村庄人口（户）	饮用坡池人口（户）	坡池使用率（%）
仇池村	桥东村 桥西村	170	170	100%
义旺村	义旺村	350	350	100%
川草洼	北川草洼	180	180	100%
沙窝峪村	南沙窝	79	79	100%

使用蓄水池是四社五村社首定量管理需水量的可视化、可测量部分。唯南沙窝村地处上游渠首，不需要保持水渠的水，因而不用蓄水池。在现代农村发生变迁后，经社首组织允许，农民还仿照村集体蓄水池修建家户水窖，以方便储存用水，但家户水窖的水要到村蓄水池去挑，仍等于蓄水池供水。仇池村下属的桥东村于1991

年、1996年和1999年各打了一口井，桥西村也打了深井，两村的井水可以满足人畜饮水，但在井水管理方式上，也还是在沿用蓄水池的管理制度，用水泵把各口井的井水都抽到一个公用大水窑里，再用水管把大水窑的水输送到各家各户。有的村民不安装水管，把水从大水窑挑到家里，或者用轮胎或汽油桶改造的水包拉回家里。“老三”义旺村至今使用四社五村水渠的水，并用蓄水池蓄水。这个蓄水池是全村生活的中心。只要蓄水池里有水，农民就决不吃井水，更不会外出买水。四社五村水渠管理的共享思想深深扎根在农民的心里，农民把心留在蓄水池里。四社五村社首严格地按照蓄水池供水，水渠成为定性测量世风人心的一面镜子。

四社五村还有一种供水制度称“借水”系统。在遇到极端干旱，局部维修水渠工程造成断水，或者农民盖房、婚丧嫁娶等特需供水之际，可以向社首借水，并有“借水不还”的老规矩。这种需水量的产生便是地方文化使然。在正常情况下，所有这类需求都能得到满足，这就是社首所说的“社会关系不紧张”。

表 3　四社五村社首和农民对“借水”系统的态度调查表

村社	现村名	现饮水人口（户）	借水人口（户）	借水率（%）
仇池村	桥东村	55	6	10%
	桥西村	101	28	28%
义旺村	义旺村	137	70	51%
川草洼	北川草洼	56	20	36%
沙窝峪村	南沙窝	44	0	0%

四社五村的借水是一种独特的民俗。借出去的水，有的是自家从村蓄水池挑回的水，有的是家户水窖里的水，极个别的是从远处花钱买的水。只要别人开口借，就热情地借出，不讲价、不收费、不用还，这种自动让水的社会风气他处少见。在当地严重缺水的环境中更难能可贵。义旺村的人气高，借水风气最盛。桥西村已用上了井水，脱离了昔日的“水渠阶层”，但借水之风不变。四社五村的水渠用水风尚渗透在农民的日常生活中，解决了包括分家、婚娶和赡养等农村生活的各种实际问题。我们通过调查，能深刻地感受到这条水渠对当地日常节水生活模式的塑造作用。

四社五村在缺水条件下保障生活用水，还要面对农民家庭生活中一些权益问题，如分家析产和老人赡养等。家庭权益与水渠水权没有直接关系，但既然水渠水权管理已成为四社五村的文化模式，而家庭权益又是农民生活中最深刻的文化，这两种文化也就会打结或交叉。这种地方曾让我们“惊奇”，而农民家户却传承得平静而自然。

表 4　四社五村家户多子与分家用水调查表

村社	现村名	现饮水人口（户）	饮水分户人口（户）	分户饮水方式（户）		分户率（%）
				分缸	分住	
仇池村	桥东村	55	42	7	42	76%
	桥西村	101	91	10	91	90%
义旺村	义旺村	137	110	127	110	80%
川草洼	北川草洼	56	16	22	16	29%
沙窝峪村	南沙窝	44	24	10	24	55%

四社五村农民家庭的多子分家，以划分主缸的挑水责任为象征。父母住房中的水缸为主缸，要给分家另过的儿子划分责任，给父母房内的主缸轮流挑水。四社五村的家庭普遍存在着分家现象。老少几辈同住的现象很少见。从调查看，分家的原因之一，是年轻人用水多，老人用水少，老人是乐意与年轻人分住的。陪伴老人同

住的多为幼子，幼子不交水费，长子负责替父母交水费。

表 5　四社五村家户赡养与分户用水调查表

村社	现村名	现饮水人口（户）	赡养人口（户）	儿子与父母同住（户）		赡养率（%）
				同住	分住	
仇池村	桥东村	55	7	1	5	12%
	桥西村	101	10	5	8	10%
义旺村	义旺村	137	27	3	7	20%
川草洼	北川草洼	56	2	2	1	4%
沙窝峪村	南沙窝	44	10	3	4	23%

在四社五村水渠特殊的供水制度下，儿子为父母挑水和代交水费，成为履行孝道和赡养义务的伦理评价标准。即便在人均收入水平较低的北川草洼村，老人生活境况差，但在用水问题上，子女们从不推托，都能主动上门解决。

表 6　四社五村家户新婚与分家用水调查表

村社	现村名	现饮水人口（户）	新婚分户后用水（户）		分缸率（%）
			分缸	不分缸	
仇池村	桥东村	55	否	是	0%
	桥西村	101	否	是	0%

续表

村社	现村名	现饮水人口（户）	新婚分户后用水（户）		分缸率（%）
			分缸	不分缸	
义旺村	义旺村	137	否	是	0%
川草洼	北川草洼	56	是	否	100%
沙窝峪村	南沙窝	44	否	是	0%

在四社五村，儿子结婚后要分家，分家的目的是分债。当地父母为儿子筹办婚事都要借债，等媳妇娶进门后，父母与儿子分家，同时把债务分出一半，让儿子自己奋斗偿还。分家时也可以分缸，但绝大多数新婚家庭并不与父母分缸，这里除了道德伦理的压力外，还有不少新婚夫妇需要老人帮忙带孩子，他们甚至宁可多为父母分担还债的费用也不分家、不分缸。

表 7　四社五村洪洞县与霍县用水民俗差异调查表

村社	现村名	现饮水人口（户）	家户主缸摆放位置（户）		正房率（%）
			正房	厨房	
仇池村	桥东村	55	7	48	13%
	桥西村	101	13	88	13%
义旺村	义旺村	137	129	8	94%
川草洼	北川草洼	56	38	18	68%
沙窝峪村	南沙窝	44	39	5	89%

四社五村地跨三县，各有旧俗，但由于长期共用一渠，洪洞县与霍县的用水民俗大体是相似的。但两县也有一些用水民俗差异。以放置主缸的位置为例，两县便有明显不同。霍县的主缸放在正房内，洪洞的主缸放在厨房里。地跨洪、霍的北川草洼村，其家户主缸半数以上放在正房里，颇似霍县古风；另有小一半主缸放在厨房里，这又很像洪洞县的习惯。这是与家庭权益无关的纯民俗，但纯民俗能演绎历史民俗，也能装饰地方民俗。

2. 井水管理制度

四社五村社首近年遇到的新问题是井水管理。一些水权村打井成功，便可以在水日之外获得新的水源。四社五村社首曾负责井水管理，但在改革开放后实行市场经济，井水不属于四社五村水渠的水，可以出售，社首组织便将井水管理权交由各村自主处理。有的村委会就把水井承包给个体户，称“看井户”，由他们维护水井和出售井水，自负盈亏，所得收入按比例上交村委会，由村委会统一支付水泵用电和泵具维修的费用。看井户得到的一部分收入归己。仇池村的桥东村和桥西村井水充裕，看井户把井水卖给自己的附属村，如北川草洼，偶尔也有远处村庄来买。

表 8 井水管理脱离四社五村社首管理状况调查表

村名	调查户数（户）	村委会井水管理项目			公私提留分配比例		
		浇地	浇菜	家户交费	电费	维修费	个人提成
桥东村	55	是	是	50 元 / 小时	是	是	8 成
桥西村	101	是	是	50 元 / 小时	是	是	6 成

四社五村使用水渠成为内部小社会的主流历史，社首和农民把现在出售井水的行为看作是一种致富手段，但对其管理方式产生了争议。桥东村和桥西村的看井户管理井水时，讲成本、算盈利、拉人情、搞关系，这对一直实行原始共产主义水资源配给制度的四社五村是一个不小的打击。仇池村的老大社首已对看井户严加防范，压低其个人提成，禁止他们搞商品井水经营。四社五村其他社首也想用管理水渠的历史规约管束井水的使用权，但有恐此举有违于市场经济原则，他们就左右为难。他们最后遇到了国家农业税费改革的历史时机，就转向借用这个共同富裕政策去维护他们的公平社会理想，这点我将放到下面去谈。

（三）民间水渠的技术管理与社会关系管理

1. 渠道改造的技术活动

前面提到，四社五村水渠自古至民国时期都是土渠。正是这条土渠让农民拥有了长达几个世纪的没有私人产权概念的共同历史。1949年至1984年改革开放初，我国进入社会主义水土资源国有制和县村集体所有制时期，四社五村农民生活水平提高了，集体收入增加了，便对水渠进行了三次技术改造。

1952年以后，四社五村社首对水渠进行了第一次技术改造，他们采用红泥黏土做材料，重新修筑水渠的渠底和水槽，将土沟渠改造成为毛渠，减少了沿途渗漏的问题。水渠改造后，仍按历史传统，向洪洞、赵城和霍县的三个地段，分三沟分水和供水。

1972年，四社五村社首第二次进行了水渠改造。他们使用水泥管道铺渠，将毛渠改成了水泥管道渠道，并将使用了几百年的明渠改成了暗渠，这样更有效地解决了水渠渗漏的问题。在水渠提高供水能力后，他们仍按历史传统，修三条水泥管支渠，向三个方向，按水日供水。

1984年，四社五村社首第三次改造水渠，这次他们采用了塑料管道，将水渠的水泥管道改成了塑料管管道。他们还在上游沙窝峪村重修龙王庙，表示了集体恪守历史规约的决心。

四社五村对水渠进行改造结果，从技术层面说，都带有实质性的进步；而从社会管理层面说，仍带有公有性。社首所提出的所有技术改造路线和支出经费都不涉及积累个人财产问题，因而对当地固有的人伦关系和稳定的社会管理都没有产生任何冲突和纠葛。

2. 四社五村的社首管理与政府管理

四社五村社首是将对水渠的技术改造尽量控制在技术层面内的，并未改变晚清以来水渠管理保障生活用水的历史传统。但是，从政府管理的方面讲，他们的经验又是不能简单地扩大到主流农业社会管理模式中去的。其实当地政府注意到四社五村的节水事迹，曾多次下文表扬他们。在计划经济时期，政府还将这条水渠的管理纳入政府水利部门的资助管理范围，并要求四社五村社首对水渠恢复生产供水。但此举在很短时间内便造成四社五村供水的严重不足，后来停止了。从我们的调查看，四社五村对政府这种大锅饭管理是不无警惕的。他们对内不私占，对外不馈赠。他们不与政府做利益交换，甚至很少向政府要资助，实行了封闭式的节水管理。在计划经济年代，他们不敢正面抵抗，但总在找机会维护历史传统，回到按需水量控制供水量的水渠利用中去运作。因此他们更强调历史传统，而不大结交新的社会关系。我们仔细观察了以上三次修渠的社首工程图，能发现他们留下的观念痕迹。

1952 年第一次改造水渠时，四社五村社首并没有惊动官方。他们自己设计技术方案，按自己的文化逻辑运行水渠改造结构，要点有三：①在沙窝峪村龙王庙的地势制高点，修建水渠的蓄水池，增加水渠搜集霍山植被水的能力，巩固这里的供水渠首的位置；②按传统水日分配和自下而上的顺序，按需水量供水，并根据这个原则修三条分渠；③每年春季在龙王庙举行清明会仪式后分水，行使社首权，因此社首仍把这次工程称作“历史工程”。1958 年“大跃进”时期，上级政府按统一计划，曾给四社五村拨款，在上游孔涧村修了一座小水库，用以扩大上游村的供水量，增加生产供水的可能性，但四社五村始终未启用这个水库。我们来到这座水库时，只见水库里长满了杂草，根本没有水。1972年四社五村改造水渠时，正值“文革”期间，政府实行“山河归公”的政策，把这条水渠正式纳入政府水源，强行扩大流经范围，增加了三个用水村。政府还要求四社五村提供灌溉用水，终让四社五村水渠大伤元气，从此水量明显地减少，再也没有复原过。“文革”后，这条“革命”水渠被泥石流彻底冲毁，四社五村社首认为，这是因为“革命”水渠的流经路线违反了地理地势，被冲垮了，这是“报应”。1984年四社五村修渠，赶上了解放思想的好时代。这时政府鼓励恢复有利于水资源保护的历史传统，四社五村可以完全按照自己的意愿修渠。他们做到了三点：①将四社五村水渠管理的历史建筑和民间文献进行系统整理和妥善保存，包括重抄水册；②恢复三渠分水的传统技术路线和水日管理，③在水渠水量锐减的情况下，将上游村的分水亭下移至靠近中游村的义旺村地段，这样既对上游村的用水加强了限制，也能进一步保障中下游村用水。经义旺村的社首的努力，这次修渠还得到了临汾地区水利局的部分资助，于是社首在修渠工程的材料和工程规格上都超过了以往两次。我们在调查中看到，四社五村社首这次虽然利用了社会关系，但他们办事很有分寸，总是要做到对整个缺水山区都有利，要保持农民与水渠的亲密关系。

3. 抵制土地承包和市场经济对水渠管理传统的冲击

20 世纪 80 年代以后，四社五村顺应政府改革的方向，实行了家庭土地承包责任制，但土地承包又引起了生产用水的老问题，对此四社五村社首的态度相当冷静，坚决不开此口。当地农民也已适应几百年不灌溉农业的习惯，服从社首的管理。社首们在因地制宜的条件下，带领农民走脱贫致富之路，做出了两个选择，一是利用山区条件发展果树种植业，二是提倡基本不增加用水的个体运输业，这两条措施都在“清明会”上获得了通过，各村很快响应。

但是，引进市场机制，就引进了商品利润的冲击和金钱的刺激，四社五村稳固的水渠管理规矩又遇到了意想不到的冲击。有人大胆利用四社五村社首对井水权放开管理的机会钻空子，扩大了钱水交易，这对社首们来说，无异于拉响了警报器。此外，果树经济增加了农药用水，畜力运输增加了牲畜饮水，省道高速公路通过四社五村招来了旅游团用水，这三者都成了水渠的大包袱，社首们几乎要被卡住水脖子。而这次四社五村身陷困境的更大难题，还不是来自于社首们维护历史传统的能力，也不是来自于上层政府的政治压力，而是整个国家进入市场经济导向下的农民个体财富合理化时代变迁，这就使水渠的集体消费用水和公平福利用水制度遭遇了前所未有的拷问。这里潜存着一个“蝴蝶效应”，即农民接受市场经济规则和个人财富观念，可能构成对四社五村水渠管理传统的最大威胁，可能会瓦解农民的公平观念和对低水平集体福利的依赖。那么，这个农民自治水利组织还能存在多久？这条封闭管理的水渠还能支配当地农业社会吗？这些都是我们关心的问题。

然而，四社五村就是四社五村，在几年的调查中，我们看到了社首维护的历史传统和实行创新管理的强大力量。我们所到之处，由于农民形成了与旱灾共存的社会认同，由于形成了循环利用生活用水的群体节水习惯，由于社会公平公正带给了农民长期的安全感和归属意识，总之由于这些观念的牢固扎根，所以四社五村的农民和社首能够一起共度风浪。

表 9　四社五村在人畜饮水以外是否发生生产用水现象调查表[1]

村社	现村名	现饮水人口（户）	满足人畜饮水现状（户）		井水生产用水率（%）
			满足	不满足	
仇池村	桥东村	55	55	0	96%
	桥西村	101	101	0	33%
义旺村	义旺村	137	30	107	43%
川草洼	北川草洼	56	0	56	5%
沙窝峪村	南沙窝	44	44	0	30%

改革开放后，四社五村利用果树经济和脚力运输获利打井，缓解了水渠的负担。但井水主要用于经济作物和牲畜饮水，不用于人口饮水。四社五村农民已习惯于饮用渠水，不喝井水。在基本解决人畜饮水问题的水权村，以井水为生产用水，用来浇灌果树和自留地。下游仇池村，井水较为充足，已不再使用水渠。他们使用自己开发的泉水水源和井水水源，种植了灌溉农作物，但数量不多。"老大"社首住在桥西村，他威望高，号召力大，坚持保留参与四社五村水渠管理的权力，要求本村

[1] 本节以下各表均未列"耕地面积"，因为四社五村水渠水费计量按人头征收、不按地亩，现在也如此。

和其他四社五村都要树立防灾意识，不论用与不用水渠的水，都要爱护水渠，以防旱灾袭击。在他的带领下，仇池村和其他村社有了井水也很少灌溉土地。他们跟老社首一条心，留着渠水防灾自救。下面的表 10 显示，桥东村的井水浇地量超过桥西的 60%，村长正是老社首的儿子。老社首批评他和班子管理不善。我们很快发现，四社五村一度紧张的井水权，悄然之间又被收归水渠管理权之下。

在表 9 中，水权村义旺村的所谓浇地，主要是用井水给果树打药。义旺村种植果树的面积占全村土地面积一半以上，发生了果树与生活饮水争水的弊病，社首发现了这个问题，采取了减种果树、坚决节水的新措施。

洪洞县的北川草洼是仇池村的附属村，冒出了 5% 的浇地户，这几户农民要通过种菜挣钱，种菜就要多用水。仇池村不久将井水定为高价水，这对用井水种菜的农户是致命的限制。

表 9 中的南沙窝村农民自拥渠首丰沛的水源却很少浇地，这是因为他们是四社五村节水大家庭的儿女。在他们的头脑中，节水与否已成为衡量人伦关系的杠杆，不容破坏。

表 10 四社五村已发生生产用水的项目和农民的解释调查表

村社	现村名	现饮水人口（户）	生产用水现状（户）		果树用水率（%）	农民的解释
			旱田	果树蔬菜		
仇池村	桥东村	55	43	28	52%	使用井水
	桥西村	101	12	22	64%	使用井水
义旺村	义旺村	137	1	58	100%	果树经济
川草洼	北川草洼	56	0	4	100%	果树和蔬菜经济
沙窝峪村	南沙窝	44	5	25	83%	果树经济

我们对四社五村近年发生的生产用水的调查，证实了社首的致富改革遇到了局部范围内的挑战。他们对经济作物用水缺乏经验，因而没有做出预测。北川草洼村几户农民的选择也说明，对水权开放的渴望与村庄用水的地位成正比，越是没有水权的附属村就越想冒险，但是多用水的倾向露头后，又会被四社五村的强大节水舆论所掐灭，再来看表 11。

从对表 11 的调查看，四社五村水渠全线至今禁止生产用水，其观念传承的渠道有三：一是已形成无灌溉社区空间，农民已不把灌溉农业看成是生产逻辑和生活背景，他们在精神上与水渠签订了神圣的契约，凡是在这个文化圈里长大的人，便不再打破它；二是节水教育日常化；三是有旱作区防灾意识。

表 11　四社五村未发生生产用水的农民解释调查表

村社	现村名	现饮水人口（户）	不使用生产用水人口（户）	非生产用水率（%）	农民的解释
仇池村	桥东村	55	12	22%	外出打工 \ 与父母未分家
	桥西村	101	89	88%	未开发水田
义旺村	义旺村	137	136	99%	四社五村不许浇地
川草洼	北川草洼	56	52	93%	四社五村的水是“人家”的水
沙窝峪村	南沙窝	44	39	89%	下游缺水 / 四社五村罚款 / 村委会不准

表 12　四社五村减种经济作物调查表

村社	现村名	现饮水人口（户）	近年引进的经济作物品种（户）			减种率（%）（2000 年以来）
			苹果树	西瓜	蔬菜	
仇池村	桥东村	55	50	0	18	0%
	桥西村	101	98	0	5	100%
义旺村	义旺村	137	68	0	12	100%
川草洼	北川草洼	56	54	1	3	100%
沙窝峪村	南沙窝	44	39	2	15	0%

四社五村社首在引进经济作物发生争水问题后所采取的态度有两层，一层是响应政府市场经济改革号召，搞活农村经济；一层是任何改革都不能与当地饮水争水。他们是扛着传统走进现实的一个坚强的群体。

桥西村是一个例外，据地质勘测，村下有小泉水群，村民打井抽上来的是泉水。桥西村根据老社首的要求厉行节水，迄今并未发现水位下降的迹象。所以该村目前尚能使用井水浇灌经济作物。

（四）民间水渠的水费收缴与现代农村税费改革

为全面了解四社五村适应现代农村改革的过程和效果，我们还从水费计量入手做了入户调查，因为水费计量在四社五村是长期水渠技术管理的对象，他们是在轮流供水的村社水日计量和家庭用水计量中度过缺雨少水的世代生涯的。20 世纪 90 年代末至 21 世纪初，社首特殊的创造活动是协调水渠水费与农业税费的管理，主要是将水渠水费计算与农业税费征收挂钩，做到两相促进，而不是两相干扰。下面的调查表大体能反映社首和农民观念的变与不变。

1. 四社五村水渠水费的管理传统

表 13　四社五村水费计量与农业税调查选点入户基本情况一览表

村社	现村名	户数（户）	人口（人）	耕地面积（亩）	调查入户（户）	占总户数比例（%）
仇池村	桥东村	170	700	1800	55	32%
	桥西村	350	1600	3880	101	29%
义旺村	义旺村	180	980	1000	137	76%
川草洼	北川草洼	79	385	980	71	90%
沙窝峪村	南沙窝	44	210	420	44	100%
合计	5	823	3875	8080	408	50%

从表 13 的调查中可见，四社五村水渠利用发生了现代变迁。截至 21 世纪初，仇池村的人均收入在四社五村的 15 个村中居首，对征收农业税的积极性也较高、办法也多。他们仍在水渠管理中强调节水教育、公平公正和防灾减灾，这对其他村社起到了榜样的作用。

中游的义旺村是个关键村，四社五村三次改造水渠成功，都与这个村有关。而义旺村与仇池村的区别是仍在使用四社五村水渠，义旺村在四社五村水渠管理与农村税费管理上，发挥了更直接有效的作用。

四社五村的附属村过去依赖水权村分配水生存，近年水权村在满足用水的前提下，允许附属村在水日之外向水权村买水，于是主附之间的依附关系稍微发生了变化。北川草洼村是一个被踢皮球的小村，1950 年归霍县，1958 年归洪洞县，1961 年又重归霍县，1971 年又归到洪洞县，一个小村庄几易其主，其用水已十分边缘化。在可以购买商品水后，他们得到了部分解放，虽然花钱不能买到水权，但花钱能买到需要，他们在有应急需求的时候可以买到需要的水。

上游的沙窝峪村得天独厚地生长在水边，溪水长流、山青水蓝，在缺水的四社五村中是一方“桃花源”。然而，农民虽然守着霍山植被积蓄的哗哗流淌的水生息劳作，却只是人口饮用，从不灌溉。他们也有优越感，但同时拥有与中下游村庄分担困境的危机感。四社五村从来不向他们征收水渠维修费和水费，也是对他们的一种回报。但在他们引自来水管入户时，还必须向四社五村交水费，无条件地加入这个节水群体。

四社五村水渠管理的公益性对商品经济的私有性有排斥力。四社五村社首借助同时担任村委会干部的行政职能，拥有维护水渠公益传统的更大的权力。他们不允许商品经济干扰这个权力。他们对水渠水费计量管理和农业税费管理的执行，在行政管辖多县交叉，在水权村与附属村、上游村和中下游村关系的社会历史变迁中进行，这体现了这个农民群体在变迁中稳定发展的精神面貌和生存能力。

2. 农民水费计量的习惯与现状调查

四社五村水渠的水费计量传统，根据水渠的上、中、下游地段不同，对水渠水量的受益多寡不同，在水费征收上是有差别的。此外，水权村与附属村用水量不同，水费额度也应该不同，但按照传统规矩，附属村却是要按人头向水权村交水费的，一个钱也不能少，这种规矩是不平等的，然而附属村竟然没有怨言，更不敢瞒报人口少交水费，唯恐断了吃水的后路，由此我们可以看到水权村对附属村分而治之的一个办法是水费管理。对水渠全线的任何村庄来说，包括水权村和附属村，合作交水费，供养水渠，共同使用水渠生存，是他们共有的“华山一条道”。

表 14　四社五村水渠水费管理的分类与计量概念调查表

村社	现村名	户数（户）	传统水渠水费包括的项目分类			计量单位的概念	
			清明会仪式	修渠材料	蓄水池	担水/桶	小时/井
仇池村	桥东村	55	是	是	是	是	是
	桥西村	101	是	是	是	是	是
义旺村	义旺村	137	是	是	是	是	是
川草洼	北川草洼	56	是	是	是	是	是
沙窝峪村	南沙窝	44	否	否	否	是	是

四社五村水渠的水费，从前只包括修渠和“清明会”仪式的费用。这在四社五村已成传统，费用也低，每人每年 1 元，农民可以负担，也愿意负担。四社五村的水权村对生活用水的计量，使用家用水桶挑水的“担”计量，但只限水，不收费。个别用水收费的转变，如 20 世纪 80 年代以后出现的“井水”商品水，四社五村规定收费，农民使用井水要花钱买，每担水在 5 分至 1 毛之间，水价由社首定，这种职能在社首管理的传统中没有。而花钱买来的水不是四社五村水渠的水，农民也分得很清楚。

3. 四社五村执行现代农业税费政策的态度和实践

华北地区是缺水条件变化极为缓慢的自然环境地带，从这个角度看四社五村社首组织的节水个案，既传统又现实，既有历史智慧又有后劲，就连政府出台的最新农业税费改革政策，也能被他们吸收为保护节水传统的“万民伞”，这是值得深思的。

表 15 四社五村征收农业税费后的项目与村提留计量概念调查表

村社	现村名	户数（户）	水渠水费包括的项目分类			村提留的计量概念（元 / 年均）				
			农业税	乡统筹	村提留	人	牲口	猪	鸡	羊
仇池村	桥东村	55	是	是	50	6	6	3	2	3
	桥西村	101	是	是	50	5	5	2	2	3
义旺村	义旺村	137	是	是	50	5	5	1	0	0
川草洼	北川草洼	56	是	是	20	5	5	0	0	0
沙窝峪村	南沙窝	44	是	是	30	0	0	0	0	0

我们在调查研究中看到，在当地，传统与钱的概念，与现代市场经济与钱的概念，两者都有联系。但在四社

五村自治水利传统中，钱的概念并不是商品的概念，它是农民组织搜集利用地表水与水渠工程消耗的平等交易的概念；是水权村与附属村，与上、中、下游村庄之间分而治之、级差管理的手段；还是社首组织代替神权发挥水利碑和水册的权威，坚持水渠支配权的神圣契约。

我们可以从这一角度，对表 14 和表 15 中的“项目分类”做一个综合归纳。我们可以看到，四社五村社首收缴的“清明会仪式”“修渠材料”和维修“蓄水池”费用，是在他们的传统与钱的概念中发生的，他们在这个思想范畴内得到的钱不是为了盈利，而是用于合理管理生活用水。他们向使用井水种植果树、西瓜、蔬菜的农民和井水户征收的“元 / 小时”的钱，与他们在“村提留的计量概念”下征收的“牲口”“猪”“鸡”和“羊”饮水的钱，也不是为了盈利，而是他们以钱治浪费的管理策略。他们还以增加村提留的方法，控制人畜饮水量（包括井水）的上涨，这是把农民吸引到现代农村转型引发的一些变迁事情上来的智慧。他们让农民根据整体用水利益，决定对这些事情的参与阻止或推进。在表 15 中，北川草洼每户征收 20 元村提留，是给“清明会仪式”用的，它提醒该村农民顶住市场经济的压力，维护好附属村与水权村的互助关系。桥东村和桥西村向每户征收50元的村提留，是村委会给看井户发的工资，其目的是引起社首组织、村委会和农民对看井户行为的共同监督。

表16 四社五村征收农业税后是否向农民公布结果

村社	现村名	户数（户）	水渠水费和生活水费公布结果		村提留公布结果	
			已公布	说不清	已公布	说不清
仇池村	桥东村	55	是	否	是	否
	桥西村	101	是	否	是	否
义旺村	义旺村	137	是	否	是	否
川草洼	北川草洼	56	是	否	是	否
沙窝峪村	南沙窝	44	是	否	是	否

从表16中，我们能进一步看到，四社五村社首提高村提留是一种变通行为，因为他们始终公布所有收费项目，并做到财务公开。他们尤其在传统水费的计量上一板一眼，毫不含糊，这也说明他们的工作方式是把民间水利自治传统与现代农业税费改革“合署办公”，主要是把比从前多征收的经费全部用在大幅增加的水渠维修成本上和农民利益上，结合本地实际，为农民减负。一个值得一提的现象是，改革开放多年后，四社五村仍很少

有人外出打工，农民对我们说，他们不是不想发财，而是更愿意留在四社五村过公平的生活。

结　论

山西四社五村水渠管理的历史传统和现代实践，给我们提供了许多有益的思考。其搜集利用地表水的用水文化习惯和技术活动，爱惜水资源的公共教育，公平分配和公正共享的管理机制，团结互助的群体精神，以及其防灾减灾意识等，都使它成为内生型节水文化社区。它能在几百年来水资源递减的恶劣环境下生存，又能在市场经济条件下，结合政府的农村税费改革政策，调整了传统的、农民公认的水资源利用和水费支付办法，较为合理地解决了水资源配置和使用水利与土地资源所必须支付的费用问题，保持和巩固了农民水利自治体，也使当地紧缺的水资源达到了延续利用的目的。华北地区长期水资源紧缺，城乡各地现代工业用水、城市化生活用水、农业经济作物用水和旅游服务业用水量持续增加，用水矛盾已十分突出。在这个大环境下，四社五村对盲目用水的抵制经验显得尤为珍稀可贵。这一个案带给我们以下几点启示。

第一，四社五村社首解决水利纠纷与水渠管理的技术活动的核心要素是以需水量决定供水量。四社五村水渠水流量的计算方式可以表达如下：

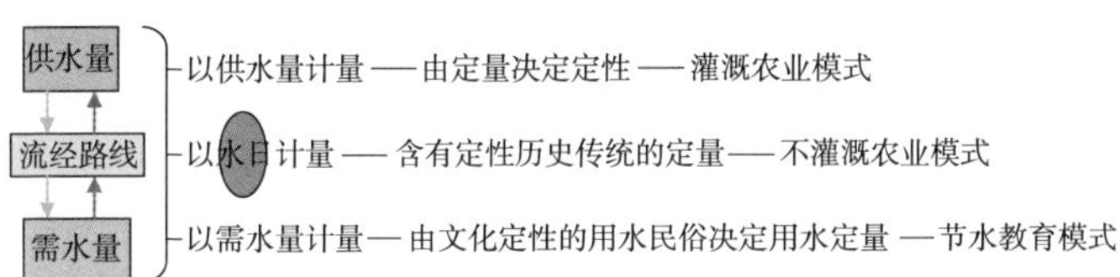

四社五村水渠水流量的控制＝需水量→供水量

四社五村以需水量控制供水量的管理办法，从狭义上说，不适合在不缺水的农业灌溉区内实行，只适合在不灌溉的旱作农业区实行。但从广义上说，这种以需水量控制供水量的方法又具有普遍的意义，在当今世界到处发生水危机的情况下，在全球化和城市化把水当成污染对象和娱乐工具的情况下，四社五村的经验尤其值得我们深思。

第二，四社五村农民自治水利系统的运行，是在脱离政府管理灌溉农业的主流方向下进行的，因此社首加强了对神权的诉求。但他们同时重视社会关系，建设基层农村政治活动，熟悉农民民俗，并把这一切看成一个整体，在综合适应各种氛围下进行节水教育。四社五村还由于山区植被水、地表水和渗漏水的不稳定，长期干旱的环境难以改变，使农民这套自治水利传统被长期有效地执行并得到完善，这本身就是一种历史现象。它说明我们在进行社会文化建设时，一定要考虑生态环境，要关注在不同自然地理条件、不同历史环境和不同社会群体中形成的小型多样的民间组织的生存活力，要珍惜他们积累的技术经验，尊重他们创造的生命奇迹。要在保护文化多样性的前提下，在充分研究的基础上，将这种微观样本概括为宏观推广要素。

第三，四社五村在农村城市化进程中面临的最大威胁是政府个别部门盲目追求经济发展速度和开发政绩造成的瞎指挥。山西某省级高速公路在设计时，完全没有做实地调查，就确定了通过四社五村的工程方案，结果给四社五村险些带来灭顶之灾。某城市公司在四社五村不耕种的土地上开掘煤矿和原油，致使四社五村的地下水源断层，成为工业化用水直接破坏生态水环境和土地资源的明显例子。种种外来侵入事件都是以开放搞活的名义进行的，这使四社五村本来就脆弱的水环境更加脆弱，迫使社首和农民联合抵制危害社区的行为。如果这些政府部门和工业单位多一些调查研究，多一些民生忧患意识，这些问题就可以避免。

第四，20 世纪末至 21 世纪初实行的农村税费改革，是继土地革命、家庭联产承包责任制后的第三次重要变革。政府规范农村税费改革制度有着广泛的内容。在改革方法上，政府要求对农村公益事业收费和村内用工制度实行“一事一议”，鼓励农民参与讨论这类公益事业，使税费改革在充分尊重民意的基础上推行，从根本上维护农民利益。四社五村在这方面提供的启示是，继承和发扬优秀的地方文化传统，在政府农业水费原则规定的范围内，在适合当地社会发展的情况下，解决各地各种千差万别的税费问题，从根本上避免农村改革、地方生态资源利用与农业税费之间的矛盾。

二、价值化技术的个案研究

个案之三：中小商人的“文化人”角色[1]

---

[1] 在本项研究中，法国高等社会科学研究院蓝克利（Christian Lamouroux）教授参与了前期方案设计、调查与研究的全部工作，谨此说明并致谢。

本节讨论账簿业的技术民俗和中小商人的“文化人”角色。

熊彼特（Joseph A. Schumpeter）曾谈到企业家的经济角色，他认为，把业主和管理加以区分，才能将企业看成是一个理性组织。他还提出：“资本主义秩序正朝着自我毁灭的方向发展，中央集权的社会主义随后出现。”[1]在北京、上海和重庆等大城市，一批民族资本家的作为颇接近熊彼特的定义。但他们也有自己的特点。他们活跃在民国至新中国成立初期的历史上，往往有农村移民背景，又在城市获得了商业成功；他们不仅是资本家和懂专业技术的管理者，还是具有儒家思想教养的家长。他们带领商号在城市社会的环境中和现代商业竞争中拼搏，同时还要承担管理家庭股份、照顾其他家族成员的家庭经济和培养家族子女的责任，成为一种复杂的社会文化角色。以往学者对此没有引起足够的重视，但研究技术民俗是不能不关注这种“文化人”的角色的，中小商人的卓越管理能力是与他们这种文化代表性紧密关联

---

[1] 熊彼特（Joseph A. Schumpeter），*March into Socialism*，in The American Economic Review，Vol. XL，May 1950，p.446-456。

的。重视他们的“文化人”角色，有助于深入理解技术民俗的功能。

研究中小商人的“文化人”角色的关键是中小商人的精神世界与奋斗历程。中小商人的资金不多，商业发展空间不足，在企业管理与家族生活兼顾的背景下，商业运营规模与家族生活水平的相关性就显露出来了。他们怎样在家族与商业的谋生关系中扩大城市市场？在传承行业知识时需要哪些必要的社会条件？在什么样的资本积累条件下可以投资新技术？这些都是我们必须进一步思考的问题。他们的文化代表性也往往体现在他们在利用各种专业知识、各个方向的市场信息报告和解决各种传统家庭危机的过程中，能每每根据市场行情、不同行业资源组合的需求、家庭股份的利益，投放经济投资和人际关系成本，找到解决问题的平衡点。北京成文厚账簿文具店（以下简称“成文厚”）正是这样一个个案。商号的创业经理刘国梁是山东籍的北京商人，私塾毕业，1935 年到北京开商号获得成功。在民国时期北京曾经失去首都的位置、被日军侵占的艰难岁月中，他继承家族商业传统，经营纸张文具；又能吸收现代商业组织理念，将家族传统与当时先进外来会计知识相结合，创建了北京现代会计账簿企业，并在十年内迅速发展，占领了国内北方账簿市场。与美国哈佛大学会计专业毕业的潘序伦及其执掌的上海立信会计用品公司南北鼎立，在商界曾有“南有立信、北有成文厚”的盛誉。

本节的研究方法是利用北京城市档案，辅以口述史调查，开展综合研究。在事实上不大可能了解商号运作实际过程的情况下，了解商人的生活史，并从这个角度开展对城市档案的研究，就成为考察的一个途径。本节主要讨论两个问题：一是如何利用成文厚的城市档案和商人活动，二是成文厚的家族生活和商业组织的城市化的关系。这是我们研究该个案的两把钥匙。

（一）成文厚的城市档案和商人活动

成文厚的城市档案有四种，即工商档案、户口档案、企业档案和会计学校教育档案。我们在 2011 年的两篇文章中，主要从商人的商业组织理念和股份制经营的角度对此做了讨论，包括成文厚的业务范围、营业执照、经理简历、合伙契约、股份利润和铺保网络。但当时没有讨论商人的生活史与商业组织管理的关联性。近两年，我们在这方面增加了田野调查，发现在城市档案中，有以下地方，在缺少商人生活史资料的情况下，是无法正确解读的。

第一，档案中所没有登记的重要家族成员姓名。共 2 人。他们是经理刘国梁在吉林成文厚的二弟刘国英，与刘国梁的妻子王桂荣。在 1951 年其父刘显卿过世后，刘国梁将母亲李绍棠登记为房地产权人，升任到兼管家族和商号的首脑位置。其妻王桂荣操持所有家族生活和商号福利管理杂物，刘国梁却没有登妻子的名字。

第二，档案所没有登记的家族谱系关系。成文厚的家族辈分和伦理秩序，我们依靠刘国梁的儿子刘基厚兄弟的口述才能识别。例如，吉林成文厚经理刘国英，20 世纪 40 年代初被日本宪兵杀害，其子刘敦厚由徒弟侯兆祥带到北京成文厚，由刘国梁抚养成人。刘国梁的三弟过世后，三弟媳携子刘享厚，也投奔到刘国梁家，依靠家族股份生活。对刘敦厚和刘享厚的继股身份和吃股方式，是从档案中完全看不出来的。

第三，档案所未登记的家族股份制变更与商人在变更中谋求发展的矛盾。

刘国梁的幼弟刘秉揽是英国留学军官，1952 年公私合营开始后，他与刘国梁的长子刘基厚共同放弃股份，由刘国梁吸股，转而扩大企业投资。

经核对，所有城市档案的登记是准确的，但档案与商人生活口述史的功能不同。借助商人生活的口述史再看档案，可以补充此前阅读档案存在的遗漏，发现曾被我们忽略的商人活动的历史线索。兹简要讲两点。

1. 城市档案中的家族商号与公会

据北京城市档案，北京于 1913 年成立纸张文具同业公会[1]，刘国梁 1935 年到北京后加入该会，取得行业认同资格。但直至 1955 年，他并没有将公会变成为家族同行谋福利的组织。对于年长自己四岁而做工不好的堂兄刘干亭，他始终没有合作。刘国梁时任同业公会副主席，与堂兄在同业公会中分别登记各自的商号。但刘国梁对自己聪明能干的长子刘基厚不同，刘基厚已于 1951 年离开北京上大学并于 1952 年退股，但在 1953 年的一份登记表中，刘国梁却默默地将儿子写为股东，仍对儿子当商人抱有希望（表 1 和表 2）。

---

❶ 北京市档案馆《中华民国二年一月七日纸行并立商会杂志》，档号：087-019—00001，题名：《历史沿革、公会章程及委员名册》，档案时间：民国二年（1913）十二月初一。

表 1 北京市档案馆 1953 年同业公会档案[1]

字号	股东姓名	经理				独合资	资金
		姓名	性别	年龄	籍贯		
成信	刘干亭	刘干亭	男	48	山东	合	50,000,000
成文厚	刘基厚	刘国梁	男	44	山东招远	合	300,000,000

表 2 北京市档案馆 1955 年同业公会档案[2]

企业名称	经理姓名	地址	资本额	独合资	从业人数	
成文厚	刘国梁	西单北大街139 号	35560000	合伙	合计	其中职工
					16 人	15 人

刘国梁是通过北京基督教青年会下属西城区缸瓦市基督教堂进入北京账簿市场的。在这个宗教组织中，他结识了教友、北京会计贾得泉，两人合作制作会计账簿；结识了教友、春合体育用品商店经理、北京商人傅

[1] 北京市档案馆，北京市同业公会档案 087-019—00044 同业公会文具，全宗号 87，目录号 19（文化用品商业），商号笔画会员名册（1—9 区），档案时间：1953.1.1—1953.12.31。

[2] 北京市档案馆，北京市同业公会档案 087-019—00066 同业公会文具，全宗号 87，目录号 19（文化用品商业），商号笔画会员名册（1—9 区），档案时间：1955.1.1—1955.12.31。

怡斋，两人结成铺保和资本运营的伙伴；结识了缸瓦市基督教堂的石云浦牧师，并通过北京基督教的关系扩大了市场客户网络（表 3）。

表 3　成文厚商号与基督教会的合作网络❶

教会主要关系网络	地址	时段	资料来源
刘国梁与教友开会地点	西单大街小将坊胡同大院	1945—1956	刘兴厚口述
教友、铺保傅怡斋春合体育用品商店	西单北大街 137 号	1953—1957	梁吉照口述
教友、铺保永和寿材厂会计张官鼎	西单大街大将坊胡同 2 号	1952—1956	1954—1955 年永和寿材厂档案
教友、贾得泉簿记学校	西单北大街 45 号	1942—1956	刘兴厚口述
缸瓦市教堂与石云浦牧师住所	西四砖塔胡同 36 号❷	1940—1957	刘基厚口述

在表 3 中，成文厚商号与基督教会建立了合作网络，

❶ 北京市档案馆《北京市同业公会档案·同业公会文具》，档号：087-019—0006，全宗号 87，目录号 19（文化用品商业），商号笔画会员名册（1—9 区），档案时间：1955.1.1—1955.12.31。

❷ 北京市档案馆《北平市警察局内二分局缸瓦市大街户口调查表》，档号：J181-006—00788—001，目录号：001—150。户口房号：1—77 号。其中招远原籍 8 户，基督教信徒 39 户，天主教信徒 2 户，耶稣信徒 1 户。

这个网络是要依靠户口档案、工商档案、教育档案和口述史四者恢复的。例如，第 6 行“缸瓦市教堂与石云浦牧师住所”，这里利用北平市警察局保存的 1948 年缸瓦市教堂户口档案和刘基厚口述史，恢复这座教堂与成文厚和刘国梁经商的关系。将刘国梁对同业公会和基督教会的态度对比可见，基督教会是他带领成文厚进入城市社会的主渠道。他曾担任缸瓦市教堂的执事，从成文厚商号中提取资金资助教会活动。他虔诚地维护宗教信仰，并带着这种信仰进入城市商业组织。

2. 商人生活与商号经营中的房产

经调查商人生活的口述史，再看城市档案，可以发现，刘国梁十年商业经营的重要活动之一，是购买和使用属于家族生活与商号店铺共享空间的房产。他在不违反家族伦理原则的前提下，同时在不属于家族股份经营的范围内，灵活使用北京中小商号“前店后厂”的传统，逐步分离、购进、出租和回收房产，有条不紊地利用流动资产，扩充商号规模（表 4）。

表 4　刘国梁经营成文厚房产的商业活动一览表❶

房产活动分类	住宅与商号	地址	时段	资料来源
刘显卿时期：前店后厂	注册经理刘显卿的成文厚商号 / 刘国梁家族的老宅	西单北大街 134 号	1935—1946	1949 年成文厚档案 / 刘基厚兄弟口述史 / 刘兴厚指认与项目组 GPS 定位
刘国梁在接父亲进京（1942）之前：曾将个人住房与店铺分离	商号：原址 住宅：个人购房	西单北大街 5 号	1940	1940 年北京警察局档案[1]
刘国梁时期：将商号与家族住宅分离	商号：原址 住宅：家族搬迁	西单北大街 134 号 / 西单大将坊胡同甲 2 至 5 号	1948—1956	1948 年刘国梁户口档案 / 1954—1955 年永和寿材厂档案和刘基厚兄弟口述 / 本项目组 GPS 定位
	回收大将房 2 号的刘秉揽房产、出租给永和寿材厂	西单大街大将坊胡同 2 号	1952—1956	1954—1955 年永和寿材厂档案 / 刘基厚夫妇口述史 / 本项目组 GPS 定位

❶ 2009 年 1 月 21 日北京师范大学民俗学专业 2006 级博士生吕红峰随刘兴厚夫妇对刘国梁老宅进行了实地 GPS 测量，并撰写了调查报告初稿。吕红峰还曾参与我们对大、小酱坊胡同空间的两次调查，北京籍并家住西单大街的博士生赵娜也参与了胡同走访，谨此一并说明并致谢。

续表

房产活动分类	住宅与商号	地址	时段	资料来源
刘国梁时期：公私合营前后	公私合营前的成文厚扩大商号房产之一：合并赵子安茶叶铺	西单北大街137号（购买教友赵子安店铺房产/合并成文厚原址）	1951	梁吉照口述/刘兴厚指认后本项目组GPS定位
	公私合营后的成文厚扩大商号规模之二：合并春合铺保	西单北大街139号（购买春雷电讯房产/合并入成文厚）	1952—1954	1948春合体育用品商店档案/1951—52成文厚档案/梁吉照口述/本项目组GPS定位
	扩大商号规模之三：吸收久大铺保	西单第三商场15号/与成文厚商号靠近	1952—1954	1952久大体育用品制造厂档案/梁吉照口述/本项目组GPS定位
	吸收久大分支店	西单北131号	1954	1954久大档案/梁吉照口述/刘兴厚指认后本项目组GPS定位
	吸收久大体育用品制造厂	西单北安里9号	1954	1954久大档案/梁吉照口述/刘兴厚指认后本项目组GPS定位大档案

续表

房产活动分类	住宅与商号	地址	时段	资料来源
刘国梁时期：公私合营前后	扩大商号规模之四：合并西单文化体育用品商店	徐瑞芝成文厚书店旧址	1952	梁吉照口述 / 刘兴厚指认后本项目组 GPS 定位大档案
	扩大商号规模之五：购买旧宅熟人房产，建成文厚库房一	西单北大街4号，刘国梁个人旧宅邻居，用作成文厚库房	1952—1978	梁吉照口述 / 刘兴厚指认后本项目组 GPS 定位
	扩大商号规模之六：购回个人旧宅，建成文厚分店二	西单北大街5号，刘国梁1940年个人旧宅，老同兴百货店	1952 左右—1970	梁吉照口述 / 刘兴厚指认后本项目组 GPS 定位
	扩大商号规模之七：建成文厚分店三	西四北大街45号，1951—1955贾得泉簿记学校地址，后为并丹明庆南纸文具店		1938—1956 贾得泉档案[1]/梁吉照口述 / 刘兴厚指认后本项目组 GPS 定位

1　北京档案馆《北京市警察局内三区署关于徐星武挑担涉及违禁书籍的案的呈》，档号：J181-23-4482 档案时间：1938 年。另有贾得泉会计学校教育档案 8 种，详见董晓萍《贾得泉簿记学校档案报告》，2007 年 9 月 16 日，打印稿。

续表

房产活动分类	住宅与商号	地址	时段	资料来源
刘国梁时期：公私合营前后	扩大商号规模之八：投资荣华印刷厂	前门西河沿205号	1949—1953	1952—1953年荣华装订印刷所支所档案
	扩大商号规模之九：龙门装订厂	前门和右安门	1956—2007	北京第一制本厂汤培仁口述
	扩大商号规模之十：宏大印刷厂	白塔寺锦什坊街	1949—1956	梁吉照口述

如果我们仅仅根据档案，是看不出刘国梁经营房产的思路和做法的。档案只能提供地址和房地产权人。我们还要做田野调查，搜集口述史，才能明白这些地名的意义。我们还为此编绘了地图，刘国梁的儿子对此表示认同，但他说以前没想到。

刘国梁在 1935 年至 1954 年在经营房产上的作为，我们分析表 4 的资料，可以较为全面地观察刘国梁经营房产的商业活动。

第一，在父亲刘显卿任经理期间，他买下西单大街 134 号，前店后厂。其中，在 1940 年，他曾将个人家庭住所迁至西单北大街 5 号，但商号仍在 134 号。他遵循中小商号的前店后厂的传统，将家族房产与商号房产合一。

第二，1946 年，他将厂店分离，购进大将坊胡同 2 至 5 号四套房，给兄弟四人居住。1951 年父亲刘显卿过世，他将家族全部房产权转至母亲名下。

第三，在他成为名副其实的实权经理后，1951—1952 年，他购进西单大街的下列房产：赵子安茶叶店 137 号、春雷电讯商店 138 号、春合铺保 139 号、西单文化体育用品，西单北大街 5 号（刘国梁原住宅）、贾得泉会计学校 45 号，并运作久大铺保的房产靠近自己的商号。

第四，1952—1955 年，他回收幼弟刘秉揽、子刘基厚、侄刘敦厚三人的股份。他又将刘秉揽放弃的大将坊胡同 2 号房产出租给教友永和铺保。他在家族内吸股和吸金，双向运作，然后用所得资金投资前门荣华印刷所。

刘国梁经营房产的关键，是对北京商号“前店后厂”老传统的不同处理。在父亲刘显卿掌管时期，他是遵循“前店后厂”传统的，这是家族企业的标准模式，北京人也叫“连家铺”，其目标是增加固定资产。在刘国梁个人掌管时期，他打破传统，搞厂店分离，在风险环境中，通过扩大流动资产的方式谋求发展。

1951 年至 1954 年仅三年间，他新建库房和商号分店五处，利用家族内部的双向吸金投资印刷厂一处。他为家族获利和企业发展充满了奋斗的动力。

（二）成文厚的家族生活和商人的城市社会化

北京成文厚家族 18 口人，6 个男性有股份，9 个女性无股份。少数人的股份要承担家族生活和子女教育的庞大开支，以及商号投资和企业管理费用，所以家族开支与商号资金是一对突出的矛盾。刘国梁是做到将家族管理与商号发展协调运作的，主要有两点原因。

1. 勤俭奋斗的家族生活

城市中小商人的资本积累是十分辛苦的。刘国梁的长子刘基厚说，“什么叫‘家族企业’？家族企业就是家族成员都得帮忙”。刘国梁和父亲刘显卿都吃住在店里，很少回家。刘显卿就死在店里。刘国梁的生活极为简朴，不抽烟、不喝酒。家里没有儿童玩具，没有任何家庭成员使用的奢侈品。家人和徒弟的衣服鞋袜全靠自己缝制。

刘国梁视徒弟如家人。他给徒弟侯兆祥娶亲，买了西服领带，在北京著名大饭店同春合办婚礼，还让儿子刘基厚夫妇当伴郎和伴娘，平时每月还为职工提供洗理费、伙食费，为职工提供进会计学校的学费，乃至医药费。他对这些开支都毫不吝啬，处理家族关系和企业劳资关系并重。这在北京中小商号中是极为少见的。

他的山东商业家族在北京的亲属很多，其中有他的父亲十五爷，还有另外三位长辈大爷、十七爷和十八爷以及他们在北京的后代。十七爷是天津著名商号鸵鸟墨水公司的经理，家住北京，他的儿子就是前面提到的做工不好的刘干亭，是刘国梁的堂兄。刘国梁对这些家族房支也礼尚往来，但由于家族股份利益的限制和商号资本积累的艰难程度，他对其他房支却付出的很少。他能把自己的企业福利做得很好，却无法彻底解决所有家族福利问题。

2. 以现代教育促进商业组织的城市社会化

刘国梁投资家族现代教育，他相信西方科学知识，承担了幼弟刘秉揽赴英国留学的全部生活费。他的家庭中充满了基督教教育的气氛，母亲和妻子每天读《圣经》，子女随父亲去教堂和参加教友读书会。他的长子刘基厚和长媳关毓顺都在北京最有名的教会小学和中学毕业，三个儿子都是大学毕业，三个女儿也分别毕业于清华附中等名校，全部子女都受到最好的学校教育。刘国梁也从未放弃商业家族的传统教育，他教儿子和孙子打算盘，写毛笔字，掌握经营账簿业的真本事。他强调会计学的专业教育，送儿子和徒弟去贾得泉簿记学校学习。这个家族和成文厚商号通过现代教育的途径进入了北京的城市社会。

结　论

第一，民国中期至新中国成立初期，在社会环境动荡和社会体制发生巨大变迁的背景下，民族资本家及其家庭怎样成为“城市人”？这是他们承担“文化人”的角色的前提。通过北京成文厚的个案，我们可以总结以下几点。

“文化人”的角色含义及其代表性。在民族资本家的商业理性中，有一种始终不肯放弃的“文化人”角色及其行为之道。他们为了家族利益和商业组织的共同目标，往往怀有极大的责任感、企业归属感和忠诚品质。他们生活在北京这座中外商贸和地方商业活跃交流的城市中，熟悉传统又创新求变，在抓住某些商机的情况下，同样可以渡过战争、社会变迁和家族危机的难关，获得较大发展的可能性。

商号与“会”。北京成文厚通过加入城市同业公会，取得行业认同。但是，实际上帮助商号经理取得商业成功的，是城市的基督教会。这个中小商号主要依靠基督教会的关系带来的流动资本和社会关系资本取得了成功。这时商人付出了最高的代价，即在获得了超越家族关系的社会关系后，却没有在家族同行中承担“会”的福利职能，这使商人自己的个体商号发展很快，但这也成为其商号融入熊彼特说的“中央集权的社会主义”社会体制的障碍。

中小商人的勤奋精神。在北京成文厚的个案中，勤奋有三层含义：一是忠诚的家族归属感；二是商人全身心地投入到商业活动中去，做到人商合一；三是节省生活开支，投入商号运作。勤奋的回报是中小商号不依赖国家社会福利解决家族谋生和企业发展的成就感，但这在转为现代新型大工业时，又有先天的脆弱性。

现代教育对于成为城市人的作用。北京成文厚的经理刘国梁重视现代教育，包括欧美学校教育、会计专业教育和基督教生活观的教育。他还继承了传统商业家庭的教育，即精通珠算和写一手好毛笔字，并将之留传下去。他要求子孙都要会打算盘，都要写好中国字，一直到生命的最后岁月。他使他的全家成为出色的“北京人”和北京“文化人”。

第二，采用技术民俗学角度开展讨论与本节的研究对象有关。民俗学以往的研究注重神话传说式的权威支配要素，但在本项研究中，只关注祖先和行业神文的权威性是不够的。民国时期中小企业处于现代国家建立的过程中，政府和很多公共社会组织都对其起到支配作用。在某些关键时期，国家政府与中小企业的关系还具有某种重要性，中小企业活动也对国家政府及其价值观的形成产生不可忽视的影响。本节主要使用城市档案和田野资料开展综合研究，但城市档案不会完整记录中小企业运作的实际过程和企业家的生活史，这时通过田野调查了解中小企业组织的社会定位、技术支配活动和生活史，就成为考察的一个途径。

第三，怎样从技术民俗学的角度研究民族工商业？以往民俗学研究注重“民众”群体与集体文化，本个案研究的是中小企业家的个体特征，及其在集体行业中所承担的个体角色。民国时期的中小企业家具有浓厚的儒家思想意识，为了家族利益和企业组织的共同目标，往往怀有极大的责任感、企业归属感和忠诚品质。成文厚的创业经理在北京城市社会环境和现代商业竞争中拼搏，做有担当的“文化人”，同样是传承技术民俗的精英。

在以往民俗学的研究中，开展民俗事象的连续代际传承研究，会带来研究结论的普遍意义，但从本个案的中小企业研究看，研究代际民俗的变迁更为重要，它可以发现局部创新点及其带来的商机。比如，在本个案中，“前店后厂”是传统经营习俗，北京人也叫“连家铺”，其目标是增加固定资产。但成文厚创业经理对“前店后厂”的传统进行了改造。他搞厂店分离，扩大流动资产，谋求新商机。这种资本积累是相当辛苦的，但他为家族获利和企业发展而奋斗，充满了个人动力，他把刻苦俭省的资金投资家族和企业的现代教育，通过获得现代知识的途径，处理中小企业与“城市化”进程的一些问题，走上城市组织专业化的道路，带领企业度过战争、社会和家族危机，获得较大发展的可能性。

成文厚的管理与发展也有技术文化代表性，该商号能够根据市场行情、不同行业资源组合的需求、家庭股份的利益，投放经济投资和人际文化成本，在这种背景下，发展技术民俗。

传统民俗学的研究优势在于农村社会，对城市中小商号缺乏研究，技术民俗学的研究可以填补这一空白，体现民俗学对于建构社会史和企业史的价值。

三、社会结构技术的个案研究

个案之四：流动代理人——寺庙与铺保

关于北京旧城的寺庙研究，近年我们在调查中注意到一个中介形式——铺保，铺保就是作坊商号。在政府和寺庙中间，由一个作坊商号做担保，可以确保寺庙生存的合法性。但是，限于1956年以后寺庙归公和商号公私合营，大多当事人已经过世，实际上已很难将寺庙和铺保联系起来研究。在解决这个问题上，洪福寺成为一个难得的个案。

洪福寺，位于北京旧城前门外西兴隆街，明建佛庙，已有四百余年的历史[1]。在它周围有著名的西打磨厂胡同、北翔凤胡同、栾庆胡同和贾家花园胡同，都是商号会馆云集之地。胡同东口有一座基督教教堂、教堂北面是正阳门、正阳门背后是故宫，从西口出去是北京老火车站，南口是大栅栏，它被包围在一个传统商业区的市民经济海洋中。现在它的寺僧和多个铺保信息还可以被调查，再结合历史文献和民国寺庙档案看，寺庙与政府、铺保

[1] 本小节使用的记载洪福寺北京地方史志主要有：［清］周家楣、缪荃孙等编纂《光绪顺天府志》，清光绪十五年本，北京：北京古籍出版社，1987。［清］朱一新著《京师坊巷志稿》，清光绪十一年本，北京：北京古籍出版社，1982。陈宗蕃《燕都丛考》，民国刻本，北京：北京古籍出版社，重印本，1981。吴廷燮等编纂《北京市志稿》，北京：北京燕山出版社，1998。本小节使用的洪福寺民国档案主要有：北平特别市公安局档案，1927—1928；北平市社会局档案，1930—1941；北京市工商局档案，1899—1956；北平市警察局档案，1920—1956。

的关系也能清楚地呈现出来。另外，因寺庙地处前门这个北京外城与内城、北京与外地经济联系的枢纽地带，寺庙还有很多向外延展的活动，可以进行比较研究，相关资料也大都有连续性，是一个比较完整的系统。由于具备这些条件，我们将洪福寺确定为一个重点研究对象，重点研究寺庙与铺保的关系。

20 世纪 30 年代，洪福寺的注册铺保有 7 个；自 40 年代起，洪福寺的注册铺保增加了 5 个，共 12 个，但两个时期的寺庙和铺保登记政策不变，政府的政策是有连续性的，这样我们就能通过铺保工商档案的记录，再通过田野调查，认识铺保与寺庙的关系，同时还对铺保与行业的关系增加认识。

（一）寺庙、铺保与行业

从工商档案看，铺保全部是行业作坊，作坊进庙，能从两个方面占便宜，一是薄利，二是薄税。但新作坊的进出，是以适应寺庙原有铺保行业为限的。洪福寺原已有煤行和铁匠行，后来一直延续下来。以后又增加了帽行、鞋行、五金行、馒头行、干果行和玉器行。住持只需有人经营这些作坊和交租就行了，至于铺保的流动，反而造成了寺庙持续使用旧厂房机器的理由，可以维持低成本投入，这对寺庙来说也还是合算的。在前门地区不缺乏流动人口和流动资本的前提下，流动性越强，对寺庙越有利。从这些档案看，从 20 世纪 40 年代起，在洪福寺的 12 个铺保中，除“保记煤铺”和“修理炉灶作坊”是 30 年代老铺保的遗留外，其余煤铁行业不变，但铺保和铺主有变化，并增加了其他行业的铺保。

在铺保档案中，铺长的简历给了我们很多信息，它记录了铺长的学徒时间、其师傅作坊的字号和地点，以及徒弟出徒后，在入庙初办分号时，要由寺庙住持和师傅作坊分别担保等资料。在能宽法师时期，住持和师傅作坊共同担保徒弟作坊的有 1、2、6、7、8、9、10、11 号，共 8 个，占 67%；另外 3 个是师傅把作坊转让给徒弟经营的，分别是 2、3、11 号，占 25%，但也要有住持的签章。这就说明，寺庙引进铺保，不仅要了解铺保本身，还需要了解铺保的铺保，特别是要了解铺保的师傅作坊。从实际调查看，作坊是个枢纽站，一般都是由师傅作坊向徒弟作坊和其他作坊推荐适合进驻的寺庙。在铺保之间，也彼此相传既安全可靠、又能赚钱的“福地”消息，洪福寺正是这样一个被看重的目标。洪福寺的铺

表 1 1940—1956 洪福寺注册铺保一览表[1]

商号名称与序号	铺长				铺保的铺保		房地产权人签章
	姓名	籍贯	师承略历	从业	字号	地址	
1 董 HZ 修理炉灶作坊	董 HZ	河北	庆泰成学徒 3 年	45	庆泰成砖瓦铺	贾家花园 7 号	王 JM
					保记煤铺	洪福寺	能宽
2 兴顺涌席棚傢伙座铺	董 QL	河北	弟承兄 50 年	11	德合顺化铜局	贾家花园 1 号 洪福寺	董 HQ 能宽
					董记修理炉灶	贾家花园 1 号	董 HZ
3 永昌厚铜铺 德合顺化铜局	张 QC 于 DY	河北 安东	厚记学徒 2 年 / 弟承兄	5	新成立医针局	洪福寺	能宽
					吉顺隆铁活作坊		
					凤凯工业社		
4 保记煤铺	李 CJ	河北	35 岁前种地 /35 岁开煤铺	6	吉隆顺铁工厂	洪福寺	能宽
					金亭工业社		

[1] 以下铺保资料引自北京档案馆《北京市人民政府工厂局私营企业设立登记申请书》，全宗号 22，目录号 4—7。

续表

商号名称与序号	铺长				铺保的铺保		房地产权人签章
	姓名	籍贯	师承略历	从业	字号	地址	
5 吉隆顺铁活作坊 吉隆顺铁工厂	王 JF	河北	施家胡同文化铁工厂学徒 7 年	6	保记煤铺	洪福寺	能宽
					董记修理炉灶	贾家花园 1 号	
6 义德成小刀局	许 YW	河北	草场 10 条学徒 3 年 / 合伙 7 年 / 自营	4	赵文深布轮工业社	洪福寺	能宽
					益昌小刀局	北官园胡同 3 号	
7 仲义成剪子局	张 CZ	河北	双顺成剪子局学徒 7 年	3	泰顺兴剪子局	东兴隆街 75 号	能宽
					三义成剪子局	东兴隆街 75 号	
					德合顺化铜局		
					新成立京针局		
8 天利局陆记掐丝作坊	陆 YG	北京	老天利学徒 10 年	1	德新成珐琅局	北官园胡同 1 号	能宽
					建新珐琅局	西便门杨道庙甲 1 号	
					新成立京针局	洪福寺	

续表

商号名称与序号	铺长				铺保的铺保		房地产权人签章
	姓名	籍贯	师承略历	从业	字号	地址	
9新成立医针局（新成立京针局）	韩YX	河北	崇外细米巷学徒2年	3	高记锦匣铺	崇外细米巷5号	能宽
					赵文深布轮局	洪福寺	
					义德成小刀局	洪福寺	
					德合顺化铜局		
					德合顺化铜局	洪福寺	
10赵文深布轮局	赵WS	北京	玉清观私塾7年／珠市口翠纷茶庄学徒2年／鞋行7年	1	志成布轮局	南官园胡同22号	能宽
					新成立京针局	洪福寺	
					义德成小刀局		
11金亭工业社 马金亭铜铁活手工局 金亭铜铁器制造局	马JT	河北	北京永增铁工厂学徒7年／徽章／风镜／无线电修理	3	金华铜铁作坊	草场胡同9条27号	能宽

续表

商号名称与序号	铺长				铺保的铺保		房地产权人签章
	姓名	籍贯	师承略历	从业	字号	地址	
12 凤凯家庭工业社 凤凯铜铁器作坊	张 FK	河北	北京永增铁工厂学徒 8 年 / 德义顺铁工厂伙友 5 年	7	马金亭铜铁活手工局	洪福寺	能宽
					吉隆顺铁工厂		

保最后也不止 12 个，加上住持要签字的铺保的铺保，他的铺保圈共有 53 个铺次。

从铺保的角度看，铺保把寺庙与社会外界的联系和经营权给扩大了。这个扩大面还不止在民国政府注册的铺保，还有铺保的铺保，包括师傅作坊和其他大量作坊，它们只是在注册铺保的后面挂个名，实际由民国政府交给寺庙住持去签章和管理，这就等于把经营的自主权交给了住持。结果，洪福寺变成了一个菩萨超市，铺保也把寺庙沉浸在市民经济中。

流动资本的地位和作用。洪福寺的几代住持都善于在庙外寻找流动资本运作。到能宽时期，在洪福寺外，还有三个商号与之过从甚密，即胡同内的大香园浴池、福茂粮店和董记修理炉灶作坊。大香园是洪福寺吉隆顺铁匠铺的长年客户，承包该浴池的锅炉维修和取暖设备业务，住持就利用这层关系，到大香园化缘。我们也能从工商局档案中看到大香园给洪福寺捐资修庙的记录。福茂粮店位于洪福寺胡同的东口，是一家山东人开的粮店，兼营油盐酱醋。抗战时期，山东老板回乡避难，交北京人沈某代理，能宽就从店中运盐，从北京到张家口出售，再从张家口买米面运回北京，投入粮店生利养庙，这使洪福寺熬过了战争的艰难岁月。洪福寺在董记修理炉灶作坊里也有股份，住持的北京助手赵某和弟弟都入坊做工或学徒获利。1950年后，住持本人也进入庙内的另一家五金行铺保“金亭工业社”学徒。公私合营后，他随该铺保并入北京无线电厂当工人，直至退休。总之，寺僧及其亲属以挣工资的形式积股自养。

应该说，在民国初期和中期，包括抗日战争年代，洪福寺的住持和僧人亲属都受到了铺保的经济接纳和照顾，也保存了寺庙。同时，在近现代北京社会发生巨大变革的时期，他们还当了铺保的学徒，后来因此改变了自己的人生。

（二）寺庙、铺保与市民共有的生活传统

我们已在前门外一区350个院落做过调查，洪福寺只是其中之一。经过对洪福寺个案的重点调查研究，再看前门外一区的整体调查资料，能发现其中的市民共有生活传统。

行业碑刻是一个切入点。现搜集到前门行业作坊碑刻18通，最早的为1676年，最晚的为1933年，相隔257年，将之与洪福寺资料相比较，对我们深入认识洪福寺很有帮助。

表 2　前门行业碑目录及所记寺庙神灵与洪福寺寺庙行业对照表

行业	碑刻名称	寺庙神灵	立碑地点	洪福寺作坊
帽行	民国二十一年帽行工会碑	药王庙	銮庆胡同	帽户
颜料行	清康熙十五年颜料行修庙碑记	仙翁庙 关公财神 真武大帝 二仙翁	北芦草园	
	清乾隆六年建修戏台罩棚碑记	梅葛二仙翁 火神	北芦草园	
	清嘉庆二十四年重修仙翁庙碑记	梅葛仙翁 关公财神 火神	北芦草园	
	清道光十五年新建靛行会馆碑记	神灵	东珠市口	
丝绸行	民国三年京师绸缎洋货商会织云公所落成记	佛堂	珠市口 三里河 织云公所	
靴鞋行	民国三年靴鞋行财神会碑	财神 天神堂	干井胡同	靴鞋户
煤行	清道光二十二年太原会馆捐款东城煤行题名碑		宣武区储库营胡同	煤铺 炉灶户 棚户
	清道光二十二年南城煤行补修太原会馆捐款题名碑		宣武区储库营胡同	

续表

行业	碑刻名称	寺庙神灵	立碑地点	洪福寺作坊
煤行	清光绪二十六年关帝庙碑	关公 关帝庙	西城宫门口西岔关帝庙	煤铺 炉灶户 棚户
	清光绪二十八年土地祠旗杆碑	土地爷 土地庙	西城葡萄园土地庙	
	民国十七年苍圣祠捐资题名碑	苍圣祠	西城宝产胡同苍圣庙	
馒头行	清嘉庆元年糖饼行家庙碑	马神庙 雷祖圣会 圣山和尚	鲜鱼口	干果户 馒头户
	民国二十年北平米面同业公会成立暨公庙告成始末记	马王会 马神庙	东珠市口	
芝麻油行	民国二十二年芝麻油业同业公会成立始末暨购置公廨记			香油户
玉器行	清咸丰辛亥年玉行公立长春会馆碑	佛殿 财神 邱祖	北城沙土园	景泰蓝 玉器户
五金行	民国二十四年北平市五金业同业公会创立纪念碑	未记	前门崇外大街	工业社 铜铁器作坊 铁工厂 医针局 剪子局 小刀局 化铜局

续表

行业	碑刻名称	寺庙神灵	立碑地点	洪福寺作坊
商务总会	清宣统元年京师商务总会公馆落成记	入会名单含上述行会：颜料行商会、绸缎洋货行商会、靴鞋行商会、玉器行商会、煤油洋广货行		

由上表可见，洪福寺的铺保类型在前门地区具有一定的行业普遍性的。帽行尤为突出。前门地区的帽店众多，经销量大，远过于内城。洪福寺内也有帽子户，称“山水王”，专门给上等帽子绘画美化，与此相关的行业是颜料行、绸缎行和靴鞋行。再者是煤行，1956 年公私合营前，前门煤厂一直是北京内城的供煤中心，也是北京底层流动劳力的就业集散地，相关商号有铁匠铺、炉灶铺和麻刀铺等，这些在洪福寺内都占全了。三是馒头行，加上豆汁，为北方人喜爱的两种食品，前门流动人口多，对馒头和豆汁的需求量大，它们的行业户也住进了洪福寺。四是玉器行，为前门地区的老行当，商人多来自河北和山西，洪福寺内玉器户原有一家山西人，后来搬进了天利局景泰蓝掐丝点蓝的艺人，这与民国时期景泰蓝艺人流入前门一带的情况是一致的。最后是五金行，在工商局的分类中，包括铁铜原料加工业和民国后

兴起的无线电料各业，前门名流云集、外国人多，公馆行辕多，这种住房都需要用电。洪福寺内五金电料行的出现，反映了这一带的需求。

由上表中列 2 至列 4 “碑刻名称”、“寺庙神灵” 和 “立碑地点” 看，其内容特点有三。

第一，行业信仰碑。主要记录了行业信仰习俗、行业与寺庙、行业与神灵的关系。主要信仰以道教为主，如邱祖和真武神。也有民间神，如药王、梅葛仙翁、关公、财神。

第二，行业网络碑。主要记录了前门地区的行业网络联合过程，主要原因有三点：一是清末义和团运动对商户的打击和后来社会动荡造成的经济不稳定的打击；二是欧洲商品输入，对民族工商业造成威胁。三是北京与外地来京行业竞争激烈。这些都造成了北京作坊行情的下跌，商户便通过控制批发和零售价格的手段，维护行业利益。这也给了我们一个背景知识，就是那些纷纷散落在胡同寺庙里的帽子、饮食、五金、景泰蓝等商户，是当时北京中小行业的一种求生形式。

第三，行业权益碑。这些碑刻拓片不是放在图书馆里，而是应行业会馆的要求放在档案馆里备查。石碑则放在前门地区的北芦草园胡同、鲜鱼口、鸾庆胡同、西河沿、珠市口大街和崇外大街等，距洪福寺不远。它们是行业网络存在的象征，是行业权益的一部分。与宗教寺庙碑刻相比可见，它们虽然也与寺庙有关，有时也放在寺庙里；但更多的是放在会馆或行业公会里；它们既属于寺庙，也属于行会。

将洪福寺与我们调查过的北京内城隆长寺和双关帝庙做比较，能看到它们之间的异同点。在这三个寺庙中，洪福寺是外城的明建子孙庙、隆长寺是内城的明敕建十方丛林上层寺庙、双关帝庙是元敕建庙后沦为子孙庙，它们大体能反映北京旧城寺庙的一部分类型。前面约略讲过，从档案看，隆长寺的老住持德明还在洪福寺住过，他在前门还管理其他寺庙，可见洪福寺与内外寺庙是有联系的。隆长寺的庙保新顺长裁缝铺的铺长原在前门草场胡同顺成衣铺学徒，这也说明内外城的铺保圈有的也有一定的联系。

从比较看，三个寺庙与铺保关系的差异点有三。一是洪福寺的铺保多和流动性强，内城两庙的铺保少，比较稳定。截至 1955 年，隆长寺内一织布铺保开了 15 年，双关帝庙一照相馆铺保开了 24 年，洪福寺的铺保大都是四五年或五六年一换，唯和顺兴麻刀铺经沿革保留了 26 年，但还换了 6 次名称和经营内容。二是洪福寺铺保的从业人数多，多者逾 40 人，内城铺保从业人数少，一般为一至两人。洪福寺铺保还吸纳铺保的亲属捧房和帮工，整个寺庙像个工厂；内城的铺保有的是住持的亲戚或亲戚的同行，以寺庙形象为主。三是洪福寺铺保多为农民出身，内城铺保有八旗贵族破落子弟。

三个寺庙与铺保关系的相同点有三。一是铺保学艺都以童工和少年工为主，大都从 13 岁至 15 岁开始，对师傅的依赖性很强，这种铺保圈是容易形成家族式管理的。二是学艺期限以工种区分，如制针行 2 年，麻刀建筑行 3 年，剪刀行 7 年、照相行 7 年，电料行 7 年 、景泰蓝作坊 10 年以上等。学艺期决定了师徒铺保的生成周期。在这个周期后，徒弟出道单干，师傅给当铺保，还增加了一层师恩养关系，铺保同行圈的关系更加紧密。如董记修理炉灶作坊，最后从业人数超过百人，南北城呼应，很有凝聚力，与老铺长注意发展恩养关系有关，这是一种很稳定的家族式管理。三是大多青年农民出徒后，除了靠手艺，还有蹬三轮等第二职业，有的还要回乡种地，洪福寺有第二职业的占 80%，从中能看到铺保经济与城市其他中下层经济和农村经济的联系。

从工商档案和调查看，洪福寺铺保圈子的维持，不仅靠师傅关系和工种关系，还要靠降低成本信息网的传递，主要有四种：一是走水账，即由作坊自带料到主家做工，主家按毛利付费，作坊挣毛利与本利的差价，增加个人所得；二是以小本资金虚报大资本额开业，开业后，如亏损倒闭，损失不大；如盈利，小本滚大利，风险也不大；三是伙友和铺保之间生意往来获取薄利以自养；四是家庭人口加入从业人数，能减少成本、增加工资。

余　论

在北京旧城的特殊社会历史下，寺庙和铺保是以表面守法和私下不守法结合的形式运作的。住持是要靠寺庙信仰生存，也要懂经营寺庙的方法，还要懂点行业技术，才能在北京社会的各种变迁下存活。总体说，有以下特征。

第一，洪福寺与铺保共同经济利益的发生点，是把庙产切成公产和私产两块，再将宗教系统、市民经济和民国政府系统结合起来运作，即切割房产权、寄养权和铺养权，获得生存之利。房产权，即前述民国政府登记表上的房屋庙产，指殿堂与僧舍。看洪福寺的档案，能发现洪福寺只登记前殿，从不登记后殿，把后殿从宗教大殿中切出去，当做摇钱树，而档案中没有一处是民国政府对后殿提出异议的。寄养权，即前述民国政府的户口登记表，里面有流动人口一项，而流动人口也是民国政府的管理对象，洪福寺却把这一权利切成三份，一份是慈养，指对一部分老僧、贫僧和游僧施行免费接济；二是捐资，吸引香客正常捐资，但住持也向庙内铺保客户化缘，促其为修庙捐钱，这就是寺庙的主动出击了；三是铺税，住持以铺保房地税为经济来源是民国政府批准的，但他又让铺保去招进亲属同住和分担房租“捧房”，如此去避免空房和房租落空，以保证回收房费和地产税。这些做法，既没有违反民国政府的规定，又把一部分流动人口房租纳为自己的资源，是个生效的办法。最后，铺保权，指民国政府给了寺庙联合铺保的权利，但洪福寺却把此种权利发展成与铺保入股经营，包括以佛事分红做合股道场，以学徒身份进铺保挣暗股，以及寺僧直接加入铺保股份做明股等。寺庙在这三层生存经济中灵活运作，扩大了自己的生存机会。

第二，寺庙与铺保联盟的性质，是以住持为核心的家族管理、以做道场为标志的信仰管理，以掌握某种行业技能为收入的生活管理。他们不能不接受民国政府的领导，但他们的底层社会地位和经济地位都不允许他们做长期稳定的顺民，而只能当流动代理人。在前门商户云集的特殊经济环境中，这种流动代理的方式反而成全了他们，让他们能把寺庙的权威变成小本经济实体；加上住持和铺保的顽强奋斗，能对流动人口和流动资源进行吸纳，获取了生存基础，从而使他们也能把寺庙保全下来。这种联保的结构还说明，寺庙的信仰群体与商业群体具有双向靠拢性，即寺庙需要铺保经济养庙，铺保经济也需要寺庙的保佑，因此寺庙与铺保的结合既是住房经济现象，也是宗教文化和技术文化现象。

第三，洪福寺与内城上层寺庙相比，显得很俗，但也活得有滋有味。它视宗教经典为生存义理而非苦修教义，它把寺院当作寄身之地而非普度众生的他乡彼岸，这也使它在清末民初以后动荡的北京城中得到了一席安身之地。1956 年以后，实行社会主义工业改造，洪福寺的这套运作系统也就跟着结束了。从此住持彻底进了铺保，跟着铺长和伙友一起改造和退休，但他们对市民身份的认同也很坦然，用不着像内城的上层寺僧一样经历极为痛苦的心路历程。

四、文化叙事技术的个案研究

个案之五：民国报刊的行业新闻

民国时期很多报刊报道了城市传统行业新闻，内容主要有三：一是传统行业成为北京城市社会变迁历程的窗口，二是传统行业管理成为北京城市社会制度化管理的重要对象，三是传统行业利益的认同和转型成为北京现代城市社会构建的一种象征。多角度解读和利用这批报刊，可以拓展报刊与行业新闻关系的研究。

民国报刊是一种特殊的行业文献资源。以清末民初为例，当时北京经历了帝制崩溃和民国兴起的巨大变迁，进入了现代城市社会的建设进程，在北京刊印的一批报刊正反映了这种变迁。它们出于新闻体的特点和反映社会事件的需要，在记述北京城市社会的重建过程与危机现象上，空间范围比较明确，时间有连续性，在上层政府管理与广大社会读者的喜闻乐见上也有契合点，能将社会运行的制度化部分新闻话题化，也能将基层社会舆论表层化。通过这批报刊，大体可以看到，传统行业是北京城市社会变迁历程的窗口，传统行业管理成为北京城市社会制度化管理的重要对象。在北京历史上没有城市工业的情况下，传统行业还成为北京现代城市社会制度化的基本单元，也是现代城市社会政策的运行行为、日常实践和可以集体利益化（如行业会馆和同业公会）的个体表现。那些主动参与城市社会制度化变革的传统行业资本拥有者，成为富有活力的城市基层社会的代表。城市社会运行的基本问题，如经济和人口等，经常见诸报端，并以通货膨胀、失业、社会治安等问题，作为新闻的热点，报刊报道后形成隐蔽膨胀新闻、投资规模新闻和城市社会公共安全新闻。在上述种种情况下，传统行业的经济民俗传承与变迁也成为北京现代城市社会转型文化的内容。本小节以《益世报》和《北平民报》为个案，主要使用这两种报刊的资料，重点使用其中的行业新闻、社会调查栏目、广告和漫画文字，对一些专栏进行连续统计，对这类报刊记述行业经济民俗的特征、编辑立场和学术价值进行分析。

（一）北京行业新闻的特征、商用词语和事由分析

《益世报》和《北平民报》都是平民报纸[1]，其中，《益世报》办了31年，设有“京闻”“社会调查工作”“益智稷”等专栏，也有关于铁路货栈的广告新闻，商讯丰富，可以从全国看北京。《北平民报》办了85天，反映出民国初期的社会动荡、报业无常，但此报仍相当耐读、好读，是一份给北京人看的报纸。记者以北京人的身份，报道北京每天发生的事情，谈论北京人关心的问题。其出刊时间是1929年世界经济危机时期，所刊登西方困境和北京行业工潮的消息，接连不断。仅以1929年10月25日的报纸为例，第二版有社论《谈谈碰车问题》，报道北京人力车夫与电车工人争饭碗的冲突；第四

[1] 《益世报》，国家图书馆缩微藏版，时期为1917.1—1948.12。1927年前的部分版面又称《益世白话报》。报头英文译名为“Social Welfare Peking”。中华邮务总局挂号特许报纸。日报。本小节重点使用该报的时间是19171.18—1917.3.31，1927.1.1—2.28，共四个半月。主要讨论第七版的“益智稷”、京闻和社会调查工作专栏，兼及其他部分版面的时事、漫画画评、宗教和广告新闻。《北平民报》，国家图书馆缩微藏版，时期为1929.8.1—1929.10.25。日报。两张八版。《北平民报》共生存两个半月，存量不大，本小节重点使用了其中大多数“社会调查”栏的文章。

版有成都旗人生活调查，第八版由北京师范大学前身之一、北平女子师范大学的夜莺文学社的学生主持，联络人为谢冰莹。此人后来成为五四新文学运动的知名女作家。两报的编辑立场都很明确，保持公益化的口径，接近中小商铺、传达底层呼声，体现民族工商业的利益，宣传爱国思想，反映普通官员、职员、巨贾、商贩、工人、农民、学者、学生、市民、工匠、文学界、演艺界、外国人、宗教人士和外来流动人口等各阶层、各文化背景人士的热点问题。总之，此两报对我们观察清末民初北京行业新闻史料所呈现的社会公共画面和行风市情有参考意义。

所谓“行业新闻”，指两报中与当时北京行业生产与商贸流通相关的经济新闻。在形式上，有版面新闻和广告新闻两种；在报道对象上，有北京商会、天津商埠、欧美商船、中交两行、商行商标、同业公会、中小商贩、商品粮、商品房和自由行市等报道。考虑到新闻内容的繁复庞杂，报道角度的五花八门，消息真伪鱼目混珠，本小节以“行业新闻题目”、“商用词语”和“事由”为要素，将各种新闻资料加以归纳，将其中三要素叙述相对完整或线索完整的商业新闻遴选出来，制成分析样本。共选 118 条，其中《益世报》57 条，《北平民报》61 条，

表 1 《益世报》的行业新闻题目、商用词语和事由的样本

序号	行业新闻题目	商用词语	事由	出处
1	英国邓普禄橡皮厂广告	英国橡皮 英国自行车	本行存有大宗自行车，如泼锐密儿挨司，及赛儿比各牌。价廉物美，久已驰名，中外有口皆碑。如蒙光顾，请至天津英租界海大道戒酒楼内高利行三楼接洽。	1917 年 1 月 13 日 5 版
2	北京基督教青年会财政商业学校招生	簿记科	书记科、簿记科、管理科。本校更设有中文商业夜班一切概用国中文教授。本校于西单二条设有分校，均另有详章，欲得者随时至崇文门内米市大街本会索取可也。	1917 年 1 月 28 日 1 版 1917 年 1 月 29 日 1 版
3	谷 香 村 新张广告	姑苏茶食 北方茶食 西四牌楼羊肉胡同 开张 筹码九扣 价廉物美 减价招徕	姑苏专作茶食一业百余年，士商素所称许。近因南省同胞来北者，日多一日。北方茶食颇不适口。敝号有志于此，今分设北京城内西四牌楼羊肉胡同旁边北首，聘请姑苏头等技师，精作姑苏茶食、嘉湖细点，自运蜜饯、罐头、皮丝、露酒、饼干等。备均求精益，价廉物美。请赐顾言之不谬也。择于万历十二月十四日开张，筹码九扣，减价以广招徕是幸。	1917 年 1 月 28 日 1 版

续表

序号	行业新闻题目	商用词语	事由	出处
4	京张交通恢复廿年前景况、大车骡马运输货物	京绥铁路 京张大道 煤行停顿 客货乏车 商栈结账 粮货改为大车运输	南口二十七日通讯，近日京绥铁路，因煤料缺乏，以至客货乏车，煤行停顿。京张沿线各站，商栈货物积存如山，无法输运。而年关在迩，各商栈急于结账收束，商人有鉴于此，凡宣化一带商栈之粮货，完全改为大车运输，恐停顿愈久，损失愈巨。故京张间之大道上，有大车数十辆，及大股骡马等，往返运货。	1917年1月28日6版
5	年华盛况（漫画）	年关 纸币	亦我《评画》今年年关于原则困难之外，又出了一个例外的困难，这宗困难是什么呢？就是纸币问题，大睁眼一块钱就短换三四吊，到了年底一般贫人真是一块钱当两块花，一闹纸币，两块钱真当一块钱用，这件德行事，吾无以鸣之，名之曰法定明火奉官的路劫。	1917年2月2日4版

续表

序号	行业新闻题目	商用词语	事由	出处
6	天聚源长绸缎庄津绸价特别放盘	绸缎庄 秋季放盘 绸价放盘 南省运到 洋机绸缎	本绸庄每届深秋更换衣服之时，必将各货放盘。为扩充营业之计，今有南省运到新出洋机绸缎，五光十色，花样繁多，特于旧历九月二十日起，将绸价特别放盘。…天津口口店街本号谨启	1917年2月20日6版
7	杂俎——随便谈谈	欧战 国家财政 爱国爱民	欧洲的战争，难解难分。国家的财政，越来越穷。做官的套话，爱国爱民。普通的心理，且站且走。本报的议论，无党无偏（笑伊）	1917年2月20日6版
8	急于改用纸钱议	铜价 铜元 私运铜元 管钱局 中交两行 制钱 纸钱 民间习惯	欧战愈烈，铜价日涨，至制钱化尽，私运铜元者日必加多、防不胜防、禁不胜禁。新铸之铜元，必至入不敌出，所余者，非官钱局之铜元，即中交两行之钞票而已。市面紧张，金融紧急，明折暗扣，商民所受之影响，尚不知若何之。至令商民受累。民间习惯多用制钱，纸与制音相近，名为纸钱，初发行时，不至骇人听闻。（蔓生）	1917年3月9日6版

续表

序号	行业新闻题目	商用词语	事由	出处
9	诸君注意德昌洋行	俄国啤酒	本店新到俄国立爱谋力啤，大瓶，每打价洋二元五角。买此酒一打，奉送优待券二张。持此优待券购买货物，另外有特别赠品，不取分文。东安市场花园路南	1917年3月10日4版
10	小煤窑 改良法	小煤窑 合股 / 分红 拆伙 抽水机 吊车	本钱太小，数人合股，凑了几十元，就动起工来。一天过一天。开得好，大家分点红，开得不好，就此拆伙。这样小局面哪里买得了抽水机？安得了吊车。又哪里管得了明年后年的事。（鹿石）	1917年3月14日6版
11	美国纽约阜波典司牛乳公司制飞鹰牌牛乳广告	罐头牛乳 有益卫生 南北货店经售	罐头牛乳为全世界首创，历届各国赛会每得最优奖。凭盖其炼制精良，有益卫生，久为世人信用。中国总经理上海公利洋行启各阜大药房及洋货店南北货店等均有经售	1917年3月17日8版

续表

序号	行业新闻题目	商用词语	事由	出处
12	北京德昌旅馆饭店	涨价 艰于运输 不惜重资 泰西纱绸	自欧战兴起，交通不便，各类货物，艰于运输。虽有存者，亦必居奇，甚有涨价一两倍或数倍者。各界绅商士女，咸云不便……本行鉴此，不惜重资，新由欧美运来各种洋广杂货，各色泰西纱绸、绒呢、卫生、食品、洋酒、铁床、地毯、地皮、地席等。凡女界化妆品，及各界起居服饰等，无不搜罗齐备……东安门外灯市口内路北。	1917 年 3 月 28 日 4 版
13	北京容光照相	进府拍照大总统夸奖 / 段总理各总次长相片	进府拍照 / 小号独蒙大总统夸奖 / 近日大总统延请副总统暨段总理各部总次长等相片亦小号所照。 廊坊头条路北三层洋楼 本馆主人雷桌霆、孔雨亭仝启	1917 年 3 月 28 日 7 版

续表

序号	行业新闻题目	商用词语	事由	出处
14	福安水火人寿保险兼货仓有限公司	水火保险 人寿保险 货仓有限公司/香港政府注册	本公司实备资本洋一百万元，先后在香港政府及国保农商部注册。本楼货及房铺、房栈、宅住房物、家具装修、衣服行李等件，各界诸君欲保水驾请者、验寿人或险火临接洽为荷。前门外煤市街小马神庙。	1917年3月28日7版
15	争回洋布利权之好时机	洋布利权 洋货价格 美国粗布 花旗布 水脚兵险 价格频增 提　涨	近日洋布，因欧战未已，航路阻碍，来源稀少。加以外洋货价甚昂，水脚兵险等费浩大，故价益增长。即如花旗布一项，沪上存底有限，有缺乏之大虞，以至价格频增，查现市美国粗布斜纹等锭（去掉金字旁）头，较诸上礼拜，每锭又提涨一钱。	1917年3月28日7版
16	泰昌号绸缎丝呢洋货减价	绸行 筹办喜寿 提倡国货	本行筹办喜寿各事/苏州本厂/为提倡国货起见将价核减，以广行销，而挽利权/地址：前门大街	1917年3月31日2版

续表

序号	行业新闻题目	商用词语	事由	出处
17	同达商行国货铅笔出现	挽回利权 利权外溢 国货铅笔	本厂为振兴实业、挽回利权起见，自购新式机器，特制国货铅笔，现已制出大宗，以应爱国同胞之需用。铅质既佳，外观尤美，具为普通推广起见，定价极廉。本厂主因此项货物乃学校日所必需，每年利权外溢，几难数计，故精心研究发明此项铅笔，以挽漏巵（去掉木字旁）。尚祈学界爱国诸君特为提倡，大批订购，尤所欢迎，且照减价核算。 总批发处河北望海楼后启华工厂 代售处：（天津）北马路同达商行	1917 年 3 月 31 日 3 版
18	天津北马路售品所紧要布告	抵制洋货 收回利权 提倡国货乃救国之本	本所自接办以来，即以抵制洋货，收回已失利权为宗旨。凡先前大家用惯之洋货，皆欲设法使用国货替代，有则征集，无则仿造。现已有国货两千余种（DXP 以下举例依次为布货杂货文具果子酱宋则久《学白话讲义》等），提倡国货，乃救国根本。	1917 年 3 月 31 日 3 版

续表

序号	行业新闻题目	商用词语	事由	出处
19	商办直隶沧石铁路有限公司招股广告	股份 股本 股金 股东 股东大会 银币 预算 认股 入股 红利 普通股 优先股 红利股	本公司奉交通部批准给照开办，业经同人等公设筹办处于天津地纬路。组织股东大会开会，举定总协理筹划。一切进行，所有原定股本总额银币一千万元，以四成为优先，六成为普通。每股一百元，常年官利六厘。先收十分之二，为认股证金；再定准期补交十分之二，即为第一期普通股本。预算此路将来红利约有四分余利。凡代招寔交廿股者，加给红利股一股，除将章程呈报交通部立案外，特此摘录原章，登明通告。如愿入股者，请向左列各处取阅可也。代收款处天津交通银行、张家口交通银行、中国银行、保商银行、直隶省银行、殖边银行、盐业银行、溢源银号、天源义银号、中孚银行、福生厚银号、养众永银号。	1917年3月31日3版

续表

序号	行业新闻题目	商用词语	事由	出处
20	京浦铁路管理告广	京浦铁路 出售树苗 告广 推广招徕 地亩课	本局济南苗圃所种洋槐树苗，曾经出售。为推广招徕起见，再特别减价，每一百株售洋二元，在本路各站交货，不取运货（费）。有愿购者，请与附近车站站长、或来局到地亩课接洽可也。此布。	1917年3月31日8版
21	天津通孚公栈广告	交通便利 客货中介 买卖兼作 本栈押款	本公栈由北京通惠实业特设，地址高燥，交通便利，办理仓库，便利商贾，招待客货中介，买卖兼做，本栈押款等事。 开设俄租界6号路。	1917年3月31日8版
22	北京英美烟公司	三炮台 由英国运到北京	敝公司各种三炮台，纯系精选，伟真仪雅，顶好烟叶。在英国伦敦伯瑞斯特烟厂制造。此香烟天下驰名，久为各界欢迎，由英国运到北京。	1917年3月31日8版

续表

序号	行业新闻题目	商用词语	事由	出处
23	今天日夜映演根据古本别出心机孟姜女	东安市场明星市场	孟姜女是我国民间流行的一个故事。或是穷乡僻壤，总听得见谈起这件事来。有几位研究民间文学的，都说这故事大有价值，今天在本院开映，日夜两场，请勿错过良机。（天一影片公司）	1927年1月30日2版7版
24	社会新闻/社会调查工作	手工工人	北京手工工人家庭调查	1927年1月30日7版
25	请登一圆钱之广告	便利社会 短期广告	本报为便利社会起见，特辟一短期广告栏定名曰："一圆钱之广告"。每个广告地位，可容110个5号字，每登一天，收费一元，先惠刊资，不折不扣，即希各界诸君注意。	1927年1月30日7版
26	贝满女中学生会注意四郊妇女教育	贝满女中 平民女校 失学妇女 平民常识课	在东郊霸村设平民女校一所，专收该处失学妇女，授以平民千字课并平民常识等课，	1927年1月31日7版
27	大前门 香　烟	中国人工 中国制造	用中国人工，在中国制造。	1927年2月5日第4版

占作者查阅行业新闻总数的 79%。为方便使用这批资料进行分析起见，兹将部分样表摘录如下。

表 2 《北平民报》的行业新闻题目、商用词语和事由的样本

序号	行业新闻题目	商用词语	事由	出处
1	社会调查 / 本市房产调查	房捐	房捐分类	1929 年 9 月 .13 日 7 版
2	社会调查 / 本市房产调查	房租	房租内幕	1929 年 9 月 .14 日 7 版
3	社会调查 / 本市房产调查	房主	房主类型	1929 年 9 月 15 日 7 版
4	社会调查 / 本市房产调查	铺底	铺底不清	1929 年 9 月 16 日 7 版
5	人力车夫管理规则	管理	人力车夫	1929 年 9 月 .19 日 6 版
6	水夫总公会	水夫会	水夫大联合成立	1929 年 9 月 20 日 6 版
7	火柴女工	火柴会	火柴厂女工联合	1929 年 9 月 21 日 6 版
8	社会调查 / 北平各市调查（续）	银钱市	银钱总市	1929 年 9 月 23 日 7 版
9	电车公会	电车公会	电车工人大联合	1929 年 9 月 .23 日 6 版
10	社会调查 / 北平各市调查（续）	钱盘市核算法	钱盘市边、核算之法	1929 年 9 月 .24 日 7 版

续表

序号	行业新闻题目	商用词语	事由	出处
11	社会调查 / 北平各市调查（续）	粮市	粮市组织	1929 年 9 月 25 日 7 版
12	社会调查 / 北平各市调查（续）	鱼市	鱼市组织	1929 年 9 月 .26 日 7 版
13	社会调查 / 北平各市调查（续）	菜市	菜市组织	1929 年 9 月 27 日 7 版
14	社会调查 / 北平各市调查（续）	果市	果市组织	1929 年 9 月 .28 日 7 版
15	农民大请愿	菜业行	菜业专行	1929 年 10 月 1 日 6 版
16	社会调查 / 北平各市调查（续）	牙行	牙行组织	1929 年 10 月 1 日 7 版
17	社会调查 / 北平各市调查（续）	砂锅市	砂锅市组织	1929 年 10 月 2 日 7 版
18	社会调查 / 北平各市调查（续）	玉器市	玉器市组织	1929 年 10 月 3 日 7 版
19	社会调查 / 北平各市调查（续）	花市 皮市	花市皮市组织	1929 年 10 月 4 日 7 版
20	社会调查 / 北平各市调查（续）	鸽市 鸟市	鸽市鸟市组织	1929 年 10 月 5 日 7 版
21	社会调查 / 放债	放债 / 账庄	账庄组织与制度	1929 年 10 月 10 日 7 版
22	社会调查 / 会事一束	字号 抵债	字号抵债	1929 年 10 月 15 日 7 版

续表

序号	行业新闻题目	商用词语	事由	出处
23	社会调查 / 会事一束	放伶人	放伶人	1929 年 10 月 16 日 7 版
24	社会调查 / 会事一束	放车债、街务会	放车债、街务会规矩	1929 年 10 月 17 日 7 版
25	社会调查 / 会事一束	放债会	放债会，介绍北京各种民间会分类与称呼	1929 年 10 月 19 日 7 版
26	社会调查 / 会事一束	义气会	义气会（老人会）	1929 年 10 月 22 日 7 版
27	社会调查 / 会事一束	面会	面会（老人会）	1929 年 10 月 23 日 7 版
28	社会调查 / 会事一束	公益会	义气会（公益会）	1929 年 10 月 .24 日 7 版

对以上两报行业商业新闻、商用词语和事由的差异性作比较，可见有以下特征。

《益世报》的商业新闻面很广，经济活动的表现也相当丰富，主要有三方面。

第一，在北京城市的定位上，把北京纳入京津地区的地理版图中进行描述。读者能看到当时北京经济涨落与天津的经济、交通活动的背景，包括陆港通商、通港和通货。北京进口欧美商品的储运活动，能从天津看到；天津的新闻反馈，也能告诉我们不少北京商人的幕后动作。

第二，在北京人的主体描述上，采集了非官方各社会阶层的多种声音。发出声音者，有被赶出紫禁城的皇室贝勒[1]，有在任官员、驻华使者和寺庙僧尼[2]，也有学校师生、银行职员、商户铺掌、贩夫走卒、胡同市民和看破红尘的隐君子。商业新闻里还提到了一些上层人物的活动，如大总统令和为段祺瑞和各部总次长拍照的前门小照相馆等[3]，但这些都被淹没在巨大的社会杂音里。这样报家提供的商情渠道就比较多，消息来源的社会基础也要更厚实一些。

第三，在北京商讯的发布上，把城市各阶层共同关注的焦点消息，如银行货值、粮油价格和杂粮行情等，当作密集新闻发布，以适合北京的人口密度、社会利益

[1] 京闻《函请保护园子》，《益世报》1917 年 3 月 14 日第 2 版。

[2] 《僧尼大请愿请将铁山寺交回原住持》，《益世报》1929 年 10 月 6 日第 6 版。

[3] 雷桌霆、孔雨亭仝启《北京容光照相》，《益世报》1917 年 3 月 28 日第 7 版。

交集密度和社会问题汇集密度。它们不但逐日发布，还每日多版发布，即等于反复发布，以周知北京市上上下下所有人，使全城公众的情绪释放最大化，同时也使经济商讯成为团结全市市民的舆论平台。

《北平民报》商业新闻，相比之下，更像社会新闻。有三个特点。

第一，借商业媒介，传播新思想和新文化，提出了平民解放、妇女教育、劳资关系、可怜小商人等新闻事由。

第二，以商业为题，组织进步社会运动思潮，刊发中小行业社会组织运行的调查报告。

第三，从商业切入，评论社会制度，对劳资关系、商界工会、工时制度等，都有谈论，似有掌握西方资本学说和俄国社会主义革命理论的前期准备。

《北平民报》与我们的研究目标切近，但书生气较足，清香有余，而贴近不足。《益世报》兼收并蓄而阅世无数，开放性更强。我们对两报要结合使用才好。

（二）北京行业新闻与北京现代城市社会变迁

两报的共性是寻找社会卖点。用这种资料谈城市社会行业经济研究的话题，也许不免冒险，这两份报纸数量也不算多，完全依靠它们作分析也不一定可靠。我们在研究中，还使用了其他地方文献和田野调查新资料，希望通过这种办法，得出一个相对局限的资料范围和相对局限的问题范围。以下主要考察所读行业新闻的内容，重点讨论其中来自非官方不同视角的经济观念、商业作为和新闻表现。

1. 北京城市社会建设过程中的行业经济活动概念

由两报的商业新闻可见，其“经济活动”的概念并不统一，可谓新旧混合、中西混合、上下混合、农商混合，但里面有一个潮流比较明显，就是在1917年以后的国际国内形势下，中国传统的重农抑商的经济概念，从新闻报道的角度，被从“贫弱”的农业生产关系中，部分分离出来，在足以让中国人痛苦的侵略炮火中，经过晚清政治改良派、工业实业派和辛亥革命后的国家化民族主义思想的几度洗刷，报人开始将之与“爱国”、“主权”的概念结合，使之获得了新的社会价值。在当时北京缺少绝对政治权威的不稳定局势中，一个经济活动的核心词——购买国货，还成为团结的口号，成为动员全市上下的社会力量与进步社会组织活动的话语权。两报也告诉我们，这是多种社会势力和多元文化诉求组合的结果，其背后的事件纷纭复杂，大体有三个分支。

第一个分支，爱国和鼓吹国货。1917 年，辛亥革命后的 6 年，原封建皇权已不复存在，新政府走马灯式地换人，一战尚未停火，反帝反封建的势头迅速上升，北京处在新的社会自识中。这时，那些主动参与社会变革的商人，成为富有活力的城市社会运行的声音发出者。报业是他们的合作伙伴和思想喉舌。他们在国运交困中，找报纸，发广告，办国货，提出了经济与主权相关性的理念，同时活跃地从事经商活动。1917 年，《益世报》刊发了一个铅笔商的消息，原文如下：

> 本厂为振兴实业、挽回利权起见，自购新式机器，特制国货铅笔，现已制出大宗，以应爱国同胞之需用。铅质既佳，外观尤美，具为普通推广起见，定价极廉。本厂主因此项货物乃学校日所必需，每年利权外溢，几难数计，故精心研究发明此项铅笔，以挽漏卮。尚祈学界爱国诸君特为提倡，大批订购，尤所欢迎，且照

> 减价核算。[1]

在同一版面上，另一商人以国家民族主义的思想直接打广告，提出“抵制洋货，收回已失利权”，“提倡国货乃救国根本”。我们看，他要卖货，但他打的是政治牌，这张牌的效益，应该不亚于爱国进步人士的影响。从政治角度说，整个社会要怎样组织起来，怎样团结起来，商人就怎样卖货。

> 本所自接办以来，即以抵制洋货，收回已失利权为宗旨。凡先前大家用惯之洋货，皆欲设法使有国货替代，有则征集，无则仿造。现已有国货两千余种，……提倡国货乃救国根本。[2]

前门一家苏州绸布店，发了一条类似的消息，不过他们说，卖“国货”、“挽利权”，还要与民俗仪式结合，“以广行销”。

---

❶ 天津同达商行《国货铅笔出现》，《益世报》1917 年 3 月 31 日第 3 版。

❷ 天津北马路售品所《紧要布告》，《益世报》1917 年 3 月 31 日第 3 版。

> 本行筹办喜寿各事，……为提倡国货起见将价核减，以广行销，而挽利权。[1]

在这种新闻中，“国货”，已成为兴起民族工商业的象征词。更重要的是，“国货”一词号召力的发生，来自于与“利权”一词的组合，这样就有突破传统经济观念框架的效果，使商人在经营传统行业商品和仿造外国工业的制成品上，都产生了积极的社会意义。这些商人还在报纸上直接把经济呼为“利”，把爱国呼为“权”，把由中国商人从事经济活动呼作“挽回利权”。在这种舆论氛围中，出售国货就是“救国”，商人就是救国者。商人通过使用这一经济概念，还能取代从前农业社会中的被贱视的商业观念，当然，这里不排除把商业当作强国实业行为的现代思想基础。

第二种分支，是接受西方工业社会的变革观念、经营思想和核算技术，并贯穿到我国商人的经济活动中。从两报看，这些西方思想进京，有三个来源。

---

[1] 前门大街泰昌号《泰昌号绸缎丝呢洋货减价》，《益世报》1917 年 3 月 31 日第 2 版。

（1）北京进步志士仁人引进当时西方先进工业社会的经济学说。在这批人中，在京高校和中等教育学校的知识分子是主导力量。不过，在民国初年，在北京社会急剧变革的背景下，他们引进这类学说，还是与西方的人道主义思想、启蒙学说、男女平等、就业劳动法和下层阶级解放的思想等捆绑推出的，所以，在相关新闻中，我们也能看到好几层意思：首先，是西方各种人文社会学说的捆绑；其次，是北京不同教育层次和市民对象的捆绑，这样才能达到实践上的效果。北京郁文大学 1927 年的招生广告上说，该校招生商业本科生，有“大学部”，但同时开设了“专门部”和“速成科”[1]。我们曾对该校速成科毕业生做过调查，他们的经历说明，该校的商校教育持续到 1949 年以后，并在实际操作中，不仅培养本科生，也照顾到北京广大商行会计培训的需求。还有一条贝满女中的消息是讲妇女教育的：“贝满女中学生会在东郊霸村设平民女校一所，专收该处失学妇女，授以平民千字课并平民常识等课。”[2] 当时这种新闻不少。

---

[1] 北平郁文大学《招生广告》,《北平民报》1929 年 8 月 5 日第 1 版。

[2] 贝满女中学生会《注意四郊妇女教育》,《北平民报》1917 年 1 月 31 日第 7 版。

另外，还有的提倡“民益工场”、“妇女工场”和“乡村工场”[1]，它们一则言经济，二则言平民利益，都有某种以商业为福利事业的思想萌生。

（2）西方传教士传入西方经济核算知识。在两报中，对会计学或簿记科，都是单独提出来的。令人不无惊诧的是，它最早由北京基督教青年会率先发布的。从我们看到的报纸看，自 1917 年开始，至 1927 年推广不歇。北京基督教青年会财政商业学校的春季招生广告，是较早推广的账簿业新闻，本书在“个案之三”中讨论的成文厚账簿店，这时还没有诞生。

（3）开明商人的通俗介绍。京津两地有些商人学习英美，引进了新的经营概念，干起了新的商业品种，如水火人寿保险业等。但他们在学西方的同时，也利用京津两地的特殊条件，用经营传统货栈行业做保底。前门一家商户，命名福安水火人寿保险兼货仓有限公司，创办了这种两栖买卖。

---

[1] 例如，天津市南、北京前门观音寺宾宴华楼分销处《民益工厂春季国货之售品》，《益世报》1917 年 3 月 27 日第 4 版。

> 本公司实备资本洋一百万元，先后在香港政府及国保农商部注册。本楼货及房铺、房栈、宅住房物、家具装修、衣服行李等件，各界诸君欲保水驾请者、验寿人、或险火临，接洽为荷。前门外煤市街小马神庙。[1]

在《益世报》中，自1917年至1927年，这家商号一直上报，还版面占先，好像生意不错。不妨设想，在前门一带，水火保险业的开张，与不久前发生的令人震惊的前门大火案有关，但毕竟那里是临近北京政府的核心地段，常年发生水火灾祸几乎不可能，因此，对这家商户而言，到底是水火保险业还是货栈行使其盈利？还难说。而在京津新闻中，货栈业的消息一向很多，商家既能储运、又能洽谈经贸，让人感到财大气粗。一个开在俄租借的天津货栈行的广告就是这种例子：

> 本公栈由北京通惠实业特设，地址高燥，交通便利，办理仓库，便利商贾，招待客货中介，买卖兼做，本栈

---

[1] 《福安水火人寿保险兼货仓有限公司》，《益世报》1917年3月28日第7版。

> 押款等事。开设俄租界6号路。[1]

在1917年左右，京津货栈类行业兴旺，说明它在传统经济活动中的枢纽基础和控制地位。而货栈本身也是需要防水防火的。从这点上说，前门水火人寿保险兼货栈的业主挺聪明，将两行并做，即便没有水火险情，也会生意兴隆。

然而，在中西交易中，经济活动需要哪些过程？成本如何计算？在晚清以来的传统中国广告中，这些都缄口不谈。《益世报》不同，在它的新闻中，京津口岸的中国商人，能把个中奥妙说得翔实在理，这是一种社会变化的细节。请看《争回洋布利权之好时机》：

> 近日洋布，因欧战未已，航路阻碍，来源稀少。加以外洋货价甚昂，水脚兵险等费浩大，故价益增长。即如花旗布一项，沪上存底有限，有缺乏之大虞，以至价格频增，查现市美国粗布斜纹等锭头，较诸上礼拜，每锭又提涨一钱。[2]

---

[1] 《天津通孚公栈广告》，《益世报》1917年3月31日第8版。

[2] 《争回洋布利权之好时机》，《益世报》1917年3月28日第4版。

在这则消息中，我们看到，京津商人还是大谈国货，但他们同时能对商埠物品的“存底”、欧美商船的“外洋货价”、“水脚兵险”和“花旗布”等美国商标的信息，都给予一一解释，这对外人了解民国时期商人的经济概念的构成，是有帮助的。

上面说过，当时商界的主潮是抵制洋货，现在我们又从《益世报》中知道，抵制洋货不等于禁止洋货，而这在一战中也不现实。那么这里就有一个逻辑，即在商界抵制洋货中引进洋货，都需要提出哪些观念以免自相矛盾？从新闻看，他们所谈的，主要是西方商品含有先进工业技术含量、符合卫生标准、有世界品牌声誉，并且国内市场紧俏等理由。

美国牛奶广告：

> 罐头牛乳为全世界首创，历届各国赛会每得最优奖。凭盖其炼制精良，有益卫生，久为世人信用。中国总经理上海公利洋行启各阜大药房及洋货店南北货店等均有经售。[1]

---

[1] 美国纽约阜波典司牛乳公司《美国纽约阜波典司牛乳公司制飞鹰牌牛乳》，《益世报》1917 年 3 月 17 日第 8 版。

英国三炮台香烟广告：

敝公司各种三炮台，纯系精选，伟真仪雅，顶好烟叶。在英国伦敦伯瑞斯特烟厂制造。此香烟天下驰名，久为各界欢迎，由英国运到北京。[1]

英国自行车广告：

本行存有大宗自行车，如泼锐密儿挨司，及赛儿比各牌。价廉物美，久已驰名，中外有口皆碑。如蒙光顾，请至天津英租界海大道戒酒楼内高利行三楼接洽。[2]

俄国啤酒广告：

本店新到俄国立爱谋力啤，大瓶，每打价洋二元五角。买此酒一打，奉送优待券二张。持此优待券购买货物，另外有特别赠品，不取分文。东安市场花园路南，

---

❶ 北京英美烟公司《英国三炮台香烟》,《益世报》1917 年 3 月 31 日第 8 版。

❷ 英国邓普禄橡皮厂《英国邓普禄橡皮厂广告》,《益世报》1917 年 1 月 13 日第 5 版。

诸君注意德昌洋行。[1]

欧美卫生、食品、化妆品等广告：

> 自欧战兴起，交通不便，各类货物，艰于运输。虽有存者，亦必居奇，甚有涨价一两倍，或数倍者。各界绅商士女，咸云不便……本行鉴此，不惜重资，新由欧美运来各种洋广杂货，各色泰西纱绸、绒呢、卫生、食品、洋酒、铁床、地毯、地皮、地席等。凡女界化妆品，及各界起居服饰等，无不搜罗齐备……东安门外灯市口内路北。[2]

这些商品的原产地国家，除了美国，都是中国清政府一战时所加入协约国的国家，包括英、法、俄。所以，报刊说此事与一战有关，也不是随便说说的。从实际操作的资料看，商界虽然把握民意、提倡国货，但也并没有与中国政府的参战利益彻底相悖，何况还有国内对西

---

❶ 东安市场花园路《德昌洋行》，《益世报》1917 年 3 月 10 日第 4 版。

❷ 北京德昌旅馆饭店《北京德昌旅馆饭店广告》，《益世报》1917 年 3 月 28 日第 4 版。

方工业社会经验的承认。

第三个分支，北京皇权结束时期的民族人口及其经济问题。两报都有这类新闻，主要是传达清皇室没落贵族的声音，例如 1917 年的一条新闻：

> 清室涛贝勒，近闻海淀各王公贝勒园子有砍伐树木设立赌局等事，日昨函请提署转饬中营查禁。❶

限于研究的范围，我们不再对这类新闻作扩展分析，但它们说明，在民国初期的北京城市经济活动中，满、蒙、回族市民的声音不可忽略。现在从这类新闻所能看到的问题有：原满族皇室封闭财产系统与外界接轨时造成的经济问题和皇庄地产的利用方式，北京城市汉、满、蒙、回多民族市民经济成分的重组，以及对新旧经济制度差异的讨论。

2. 北京城市社会制度化中的经济运行问题

在北京城市社会制度化的经济运行方面，在两报中，

---

❶ 京闻《函请保护园子》,《益世报》1917 年 3 月 14 日第 2 版。

最能见出左右局势者，是“国会政府”和“中交两行”。但两报又是平民报纸，故在刊登这类商业新闻时，还都选择了普通市民所能看得见、摸得着的大事小情，表达浅俗而令人琢磨。

第一，货币的通货膨胀。

两报对货币、粮价、油价和煤价都每日报告，《益世报》还在第一、第七两版上重复报告，显然这对收束和释放城市社会的紧张感都有作用。一些新闻指出，当时货币通货膨胀的表现是，资金短缺、币值下跌、有钱买不到东西，市民叫苦不迭。下面是一条消息：

> 今年年关于原则困难之外，又出了一个例外的困难，这宗困难是什么呢？就是纸币问题，大睁眼一块钱就短换三四吊，到了年底一般贫人真是一块钱当两块花，一闹纸币，两块钱真当一块钱用，这件德行事，吾无以鸣之，名之曰法定明火奉官的路劫。[1]

一周后，又来了一条消息，直接弹劾中国银行和交

[1] 亦我《评画》，《益世报》1917年2月2日第4版。

通银行，即“中交两行”：

> 修脚的脱袜子（走了行市啦），中交两行之钞票；
>
> 罗锅儿的袍子（钱短），近日洋圆之跌价；
>
> 哑巴吃黄连（叫不出苦来）国民因钱荒受绝大之影响。❶

据对两报新闻的归纳，当时货币通货膨胀的原因有以下几种。

一是与世界金融界对话，当时中国政府软弱退让，造成中国人吃亏。《益世报》有谐联讽刺说：

> 国会编制亦纷纭，忽云两院、忽云一院；
>
> 银行钞票无价值，或得八成、或得九成。❷

报纸上还有不少漫画，并有“评画”人对漫画的含义做出解释，显然是要把编辑的意图在读者不经意间灌

---

❶ 荫狐《益智稷——歇后语新释》，《益世报》1917 年 2 月 8 日第 6 版。

❷ 耐冬《时事联》，《益世报》1917 年 2 月 27 第 6 版。

输进去。这类评论指出，当时的世界金融利益对话，是在中西方社会发展和文化观念都不对等的情况下进行的，当事中国政府退让的结果，是使中国平民增加负担，政府却从中渔利。

> 屡经内乱，灾患频仍，小民的担负，花样翻新，有加无已。在一般普通的口头禅，什么东洋担负重啦、西洋赋税多了，国越文明，人民越得多出钱了。这话到是不错。不过人家多出钱，是买文明购幸福，我们多出钱，是供贪囊养官吏，捐税重重，膏脂欲尽，最近又有新担负发现。❶

二是铸币铜料的价格上涨，造成币值上浮；于是市面走私铜料，又造成铜币更加紧俏。为了解决这个问题，当时政府更换币制，将铜元改成了纸币，企图通过这种手段，实行价格控制。

> 欧战愈烈，铜价日涨，至制钱化尽，私运铜元者日

❶ 悲观《评画》（小民之新担负），《益世报》1917 年 3 月 4 日第 5 版。

> 必加多、防不胜防、禁不胜禁。新铸之铜元，必至入不敌出，所余者，非官钱局之铜元，即中交两行之钞票而已。市面紧张，金融紧急，明折暗扣，商民所受之影响，尚不知若何之。大兴其后，日只余纸币，至令商民受累。若何近日改用纸钱，尚为有利无弊也。……名为纸钱，不名为纸币，因商民受纸币之影响，必不乐闻其名。且民间习惯多用制钱，纸与制音相近，名为纸钱，初发行时，不至骇人听闻。❶

三是国内生产技术和生产率上不去，手工业制成品的价格又不下降，造成商品的仓库积压。于是商家便鼓吹“洋机”国货，对已积压品折扣抛售，以回笼资金，发展经营。北京历来依赖江浙丝绸发展城市服装业，京杭运河与天津港则是丝料进京的历史通道，一条天津绸缎庄的新闻反馈说：

> 为扩充营业之计，今有南省运到新出洋机绸缎，五光十色，花样繁多，特于旧历九月二十日起，将绸价特

❶ 蔓生《急于改用纸钱议》，《益世报》1917 年 3 月 9 日第 6 版。

别放盘。[1]

四是与外省相比，主要是把北京与上海、南京和广东对比[2]，指出北京价格失控，引起社会舆论和社会骚乱，而这也是当时“中国的现象”的缩影。

如今的装束，不中不外；
政界的风潮，三起三落；
欧洲的战争，难解难分；
穷人的日子，苦撑苦挨；
现在的天气，忽冷忽热；
中国的现象，多忧多患；
社会的人心，愈趋愈下；
某公的手段，欺己欺人；
国家的财政，越来越穷；
做官的套话，爱国爱民；
普通的心理，且站且走；

---

❶ 天聚源长绸缎庄《津绸价特别放盘》,《益世报》1917 年 2 月 20 日第 6 版。
❷ 《益世报》在 1917 年有不少上海等地新闻，例如:《工商研究会新年宴会》(上海),《益世报》1917 年 2 月 11 日第 6 版。

> 本报的议论，无党无偏。[1]

第二，隐蔽的通货膨胀。

在两报中，对生活原料，主要是粮、煤原料的短缺所造成的价格变动的报道较多，记者也以此制造公共话题，引起对社会变革问题的关注。

一是由生活原料紧缺和交通阻滞引发的对新旧政权的对比性思考。下面是一则铁路新闻：

> 南口二十七日通讯，近日京绥铁路，因煤料缺乏，以至客货乏车，煤行停顿。京张沿线各站，商栈货物积存如山，无法输运。而年关在迩，各商栈急于结账收束，商人有鉴于此，凡宣化一带商栈之粮货，完全改为大车运输，恐停顿愈久，损失愈巨。故京张间之大道上，有大车数十辆，及大股骡马等，往返运货。[2]

我们看到，新闻之所述，是由缺煤造成了火车停运，

---

❶ 笑伊《随便谈谈》,《益世报》1917年2月20日第6版。

❷ 《大车骡马运输货物、京张交通恢复廿年前景况》,《益世报》1917年1月28日第6版。

又由火车停运造成了粮货囤积，于是商行惊慌、结账紧迫，便改用畜力车运粮，以避免这场恶性循环愈演愈烈，“损失愈巨”。更值得注意的是，记者借题发挥，在将此消息做成商品粮事件后，再做成社会公共话题，其新闻标题是《恢复廿年前景况》，而廿年前的概念是什么呢？是清光绪二十三年（1897），是维新变法的时期，这就引导北京人把民国初期政权与帝制时期的政权做对比，用心颇深。

二是由世道人心的变化引发对新旧社会风尚的对比性思考，对民国的议员捣乱、官场敲诈、旗营克扣和买卖冤人现象等，做了批评。

如今交朋友，专讲势力；
如今做买卖，专讲冤人；
如今入政界，专讲运动；
如今当议员，专讲捣乱；
如今处社会，专讲滑头；
如今做伟人，专讲敲诈；
如今办学务，专讲敷衍；
如今妇女们，专讲游逛；

> 如今开报馆，专讲机关；
> 如今各旗营，专讲克扣；
> 如今办公事，专讲粉饰；
> 如今益事报，专讲公论。[1]

第三，揭发铁路部门是经商的大股东。

由两报可见，在民国初年，利用北京经济萧条的时机，京津铁路成了钻空子的大股东和大赢家。他们把持车站、发放股债、控制货栈，倒卖北京需求物品，为所欲为。下面是他们卖股票的通知：

商办直隶沧石铁路有限公司招股广告：

> 本公司奉交通部批准给照开办，业经同人等公设筹办处于天津地纬路。组织股东大会开会，举定总协理筹划。一切进行，所有原定股本总额银币一千万元，以四成为优先，六成为普通。每股一百元，常年官利六厘。先收十分之二，为认股证金；再定准期补交十分之二，即为第一期普通股本。预算此路将来红利约有四分余利。

[1] 《如今专讲一打》，《益世报》1917年1月28日第6版。

凡代招寔交廿股者，加给红利股一股，除将章程呈报交通部立案外，特此摘录原章，登明通告。如愿入股者，请向左列各处取阅可也。代收款处天津交通银行、张家口交通银行、中国银行、保商银行、直隶省银行、殖边银行、盐业银行、溢源银号、天源义银号、中孚银行、福生厚银号、养众永银号。[1]

铁路与包括中交两行在内的京津四大银行和钱庄票号勾结经营，这种强势起事的来头之大，小民百姓不能不怕，但这又是钱货一体的经济合作，再度暴露了物质亏匮和货币贬值的通货膨胀危机，其架势很大，而皮囊空荡。我们看到，铁路部门还让“地亩课”也行动起来，大小买卖兼作，包括卖树苗。

京浦铁路管理广告：

本局济南苗圃所种洋槐树苗，曾经出售。为推广招徕起见，再特别减价，每一百株售洋二元，在本路各站

[1] 商办直隶沧石铁路有限公司《招股广告》，《益世报》1917 年 3 月 31 日第 3 版。

> 交货，不取运货（费）。有愿购者，请与附近车站站长、或来局到地亩课接洽可也。此布。[1]

报上的文章认为，这类问题，从根本上说，不在于盈利与否，而在于权力制度的崩溃、道德精神的沦丧。作者的口气还相当激烈，指出“铁路局”、“税务局”、“官银行”和“财政部”是一丘之貉。原文标题是《现在四大》：

> 四大生计：拉胶车、兑换团、扎吗啡、贩大烟；‘
> 四大发财：铁路局、税务局、官银行、财政部；
> 四大买卖：南菜馆、女戏团、澡堂子、清吟班；
> 四大难过：犯烟瘾、被裁员、罚苦力、新断弦。[2]

总之，这方面的新闻，反映了当时北京城市社会经济运行的三个基本问题：货币、原料和交通，这与北京长期依靠外地输入原料养育城市的历史有关。这种

---

[1] 京浦铁路局《京浦铁路局管理广告》，《益世报》1917 年 3 月 31 日第 8 版。
[2] 鹿石《现在四大》，《益世报》1917 年 3 月 24 日第 6 版。

城市史，一旦遇到民国时期封闭货币系统和集权经济制度的巨变，原有系统出现障碍，就会出现种种城市社会运行的阻滞问题，随之这些问题也成为报家制作新闻的热点。

（三）北京传统行业利益的认同和转型与北京现代城市社会的构建

20世纪初的北京尽管年轻，困难重重，但毕竟已处在世界各民族国家的建设进程中，步入了前所未有的现代社会进程。北京传统行业这时成了城市传统与现代进程的冲突和认同的一种组织型平台。在两报中，北京商会、同业公会、中小商贩和自由行市等的反应被频频提及，值得一看。当时的主要问题是，传统行业工人在这一过程中，在北京没有城市工业历史的情况下，原有手工行业和半农半工行业的统治地位，这时受到来自现代机器工业的空间挤压和技术威胁，他们的出路，要么是在城市现代转型中集体利益化，要么被挤垮，这样传统行业就成为北京城市社会变革时期的矛盾或认同点，或者是城市社会运行行为（conduction）和日常实践（practice）的个体表现（performance）单位。

1. 传统行业利益的认同

行业工人是从皇权体制下解脱出来的经济利益觉醒者。他们的一种反应，是对半农半工的合股行业经营规模和行业利益的反思。一篇《小煤窑改良法》的文章说：

> （小煤窑）第一本钱太小，不能从容布置。你看下乡开小煤窑的，数人合股，凑了几十元，就动起工来。干一天过一天。开得好，大家分点红，开得不好，就此拆伙。这样小局面哪里买得了抽水机，安得了吊车？又哪里管得了明年后年的事。[1]

我们说它是反思，是它有了与工业规模的对比背景，它对半农半工式的小本资金投入、“小局面”开工，三数人合伙和“开得不好，就此拆伙”的简单化生产，很不满足。但大规模的机器生产，又要有大集体工人的联合，还要建立自己的商行品牌，并进行精益求精的制作，这

---

[1] 鹿石《小煤窑改良法》，《益世报》1917 年 3 月 14 日第 6 版。

才能成为新北京的适应性行业，对此，商家也要有足够认识。另一条北京稻香村食品店的开业新闻便是持这种口径的，事实上它也是后起之秀。

> 姑苏专作茶食一业百余年，士商素所称许。近因南省同胞来北者，日多一日。北方茶食颇不适口。敝号有志于此，今分设北京城内西四牌楼羊肉胡同旁边北首，聘请姑苏头等技师，精作姑苏茶食、嘉湖细点，自运蜜饯、罐头、皮丝、露酒、饼干等。备均求精益，价廉物美。请赐顾言之不谬也。择于万历十二月十四日开张，筹码九扣，减价以广招徕是幸。❶

这篇文章的分量，不论是其新闻事由，还是记者眼光，即便在今天看来也是可圈可点的。

2. 传统行业利益的转型

传统行业是北京城市社会运行中，传统与现代交替的一种社会单元。在报刊新闻中，对此点的反映，有三种形式。

---

❶ 《稻香村新张广告》，《益世报》1917年3月14日1版。

反映未脱离农业社会的人际认同与其关系边界的新闻，如报道玩（包括赌博）的新闻不少，谈论在京的外地商人的新闻也不少，兹录入一篇对晋商“重利”风气的揶揄文章，从中多少能看到从前北京人的脾气。

> 在北城石头道开碾坊的郭老西儿，虽是老西儿，可是北京生人。他父亲因为年老，把他母亲带回山西，留他在城里看管三个买卖。后来他父亲病故，他也没回去。他母亲想他，写信叫他回去，他也没回去，所以母子二三十年没有见面。新近他母亲思子心切，由山西雇了一辆车，一千多里地，奔到城里来找他，母子一见面抱头痛哭了一场。他母亲问他为什么不回家，他说买卖忙，交给旁人不放心（山西人重利，与此略见一斑）。❶

报道中小行业年节活动的新闻。这方面的新闻较多，主要是中、小行业商户的年节行业经济活动和商人生活记述，行业类型性很强，如《旧历年关之各种忙》❷：

---

❶ 京闻《郭老西还不错》，《益世报》1917 年 3 月 26 日第 2 版。

❷ 《益世报》的这条新闻《旧历年关之各种忙》中的重点号，为原文作者所加。

伟人政客造账索款忙，
大人先生请客拜会忙，
时髦人物打牌吃酒忙，
无赖子弟狂嫖滥赌忙，
愚夫愚妇烧香上供忙，
小儿小女上街逛庙忙，
军中兵士酗饮大嚼忙，
道上旅客启程赶路忙，
银行兑换钞票忙，
长生库为人取物忙，
屠户割肉忙，
酒店沽酒忙，
理发师为人理发忙，
澡堂执役者为人擦背忙，
书家为人写春联忙，
要账者腿忙，
欠账者嘴忙，
铺户司会计者写账条忙，
路上巡警指挥车马忙，
戏园卖座者贴新年戏报忙，

投稿诸君预备谐文忙。[1]

这种中小商铺的年节行业新闻，表面上重复、零散，但只要与其刊出年代对比看，就可能在一定程度上，成为分析政府管理、记者立场和广大社会读者的公共意图的资料，它们还是城市社会传统文化权利和现存活力的体现，是市民日常生活舒服感和幸福感的符号，是城市现代进程所不能改掉的东西，所以不能不看。

报道城市现代进程中行业集体利益冲突的时政新闻。在《北平民报》中，出现了行业集体利益的代表——西单商人，对他们报道的新闻题目有《商民呼吁西单商人请市政府减房租》、《西单商场商人叫苦》和《西单市场》等[2]。西单商人不是单个的传统行业组织，而是民国时期在北京传统商业经济区所涌现的、由多个传统行业组织联合而成的集体利益共同体。他们因经商地点的重要、凝聚行业众多，人多势力大。另一种传统行业集体利益化的代表是人力车夫公会，他们为了保住蹬车饭碗，与

---

❶ 《旧历年关之各种忙》,《益世报》1917年1月13日第6版。

❷ 关于西单商场的《商民呼吁西单商人请市政府减房租》等三篇新闻，详见《北平民报》1929年10月3日、5日、15日第6版。

电车工人相抗衡，集体请愿抵制机械化城运交通新工具，其新闻标题有《人力车夫请愿》、《人力车夫请愿案续志》和《人力车夫公会解散一处、成立数处》等[1]，无论如何，西单商人和人力车夫公会，都是民国时期北京城市现代变迁中的传统行业集体利益代表，不过一个在历史进程的这边，一个在历史进程的那边，他们的活动反映了北京传统行业组织基于不同的利益关系构成，以及与北京城市现代化进程所产生的不同冲突。

在这种新闻中，也有零散行业商户破产或被破坏的规模扩大的消息。在两报中，类似的题目有（掌柜）《弃铺潜逃》和《铺伙拐款潜逃》等[2]。但是，从另一角度看，它们又是北京城市公共安全的信号，在当时北京城市遭受社会政治和经济的打击、同时又步入现代进程的过程中，一批小行业商户不能承担社会风险，丧失自我保护能力，便只能自消自灭。

在本小节所使用的《益世报》和《北平民报》中，还

---

❶ 关于人力车夫公会的《人力车夫请愿》等新闻，详见《北平民报》1929年8月29日、30日第6版和《北平民报》1929年8月10日第7版。

❷ 《弃铺潜逃》,《益世报》1917年2月19日第7版。《铺伙拐款潜逃》,《益世报》1917年3月10日第4版。

有不少广告新闻，反映了行业利益的转型结构。自英国人在上海创办《申报》以来，中国旧报就有一个传统：刊登戏曲和身体广告，这个特点也延续在此两报中。所不同的是，在刊登娱乐广告上，两报的电影商家超过了戏曲商家；在身体广告上，商家发布配眼镜的广告成了新的身体广告。更明显的是，两报的广告新闻出现了自己的新亮点，主要是创造了中小商户新的集体利益广告。以《益世报》1917 年 1 月 28 日至 3 月 31 日的广告新闻为例，共分三个集团。第一集团是中国银行、中国精益眼镜公司和新华眼镜公司，三家联合，占据头版，唯中国银行出场时有变动。第二集团是福安水火人寿兼货仓有限公司、德昌旅馆饭店（兼货栈仓储和客户中介）和泰昌号（丝绸庄），三户联合，占据第四版左下角，各户的占位始终不变。第三集团是美国奶粉、英国自行车和英国三炮台香烟，属外商广告联合，占据第五版，但英国自行车的广告来去不定，经常三天打鱼，两天晒网。在三个集团中，如果单看中小商户的广告业主并不起眼，不能与中国银行和外国广告的大牌寡头相比，但看它们的板块结构的稳定性，看它们集体把住一块根据地的反复操作行为，看它们每月按日照登，蛛网合力的付费方式，就不能不思考它们的团结意识和集体利益诉求。以这种集体性看它们的广告，着实不弱。

3. 关注传统行业是知识分子观察现代城市社会建设的思想框架

在两报中，北京知识分子提供了很多社会行业调查报告，它们反映了知识分子观察北京现代社会进程中的社会组织的思想框架。两报都有对传统行业的社会调查报告，相比之下，《北平民报》的调查更为专业，调查者都有学术背景，所发表的报告具有一定质量。特点有三。

一是对北京传统行业组织和相关社会组织全面摸底。共涉及四类组织：手工行业组织，如玉器市[1]，民间公益组织，如义气会或老人会[2]，民间宗教组织，如在理门[3]，自由行市组织，如鸽市[4]。

二是对北京工商行业组织和同业公会的名称、组织定

---

[1] 《社会调查 / 会事一束 / 玉器市》,《北平民报》,1929 年 10 月 3 日 第 7 版。

[2] 《社会调查 / 会事一束 / 老人会》,《北平民报》，1929 年 10 月 22 日、23 日和 24 日 第 7 版。

[3] 《社会调查 / 会事一束 / 在理门规矩》,《北平民报》，1929 年 10 月 25 日 第 7 版。

[4] 《社会调查 / 会事一束 / 鱼市》,《北平民报》，1929 年 9 月 26 日 第 7 版。

义和行业用语和群体特征做了考察。工商行业组织，包括手工行业组织和自由行市组织，有未收会、摇骰会、放债会、印局、账局、账庄、鸽市、鸟市、花市、皮市、玉器市、砂锅市、菜行、牙行、果市、鱼市、粮市和银钱总市等，共 18 种。同业公会组织，包括商人总会、铁路公会、农民协会、贫民基金会、清道夫会、煤会、街务会、电车公会、人力车夫公会、火柴公会、电话公会、印刷局公会、菜业合作社、工人消费合作社、妇协平民工厂、水夫公会和电灯公会等，共 17 个公会；合起来有 35 个行业组织。应该说，他们调查的集体利益组织之多，考察之细，连载之系统，在报业媒体中是少见的。

三是对北京行业组织的内部结构、社会运作和行业知识资料做了整理和研究，对同一组织中不同派别和不同社会功能也做了分门别类的记述。例如，对放债会，指出该会有放房债、放车债、放伶人、字号抵债等区别；对账局，指出局内有钱盘市边、核算之法和市内黑幕等不同说法；对房地产人，指出有铺底不清、房主类别、房租内幕和房捐的问题等。[1] 这方面的资料，对北京

[1] 《北平民报》的所有社会调查和社团消息基本都连续刊登，方便查阅，详见《北平民报》1929 年 9 月 13 日至 10 月 24 日第 6、7 版。

城市传统行业研究无疑是一笔财富。多角度解读和利用这批报刊，可以扩大研究北京城市传统行业的资源。

个案之六：科幻小说与民俗小说

人文科学与自然科学有缘。但人文科学要与自然科学结缘还要有合适的作家、合适的时代，以及种种缘分和条件，近代以来，文学就当过人文科学与自然科学的新娘，阅读文学家的科幻小说的社会运动，就像婚礼和闹洞房的仪式，热烈、神秘，引人向往。法国凡尔纳的科幻小说 20 世纪介绍到中国，曾引来中文读者为之唏嘘迷狂。我那时还念小学，一个小小少年，也加入了这股思想热潮。我和我的同伴夜读小说，白天立志“向科学进军”，一个人被两个梦牵着，快乐地疯跑。后来我读了雨果的作品，才知道雨果早就用文学想象的语言讲过人文科学与自然科学的相关性，他说：“没有一种心理机能，能比想象更能自我深化、更能深入对象。它是伟大的潜水者。科学到了最后阶段，就遇上了想象。”当代中国人对人文科学与自然科学的共同认识，还有自己的社会主义文化土壤。20 世纪五六十年代，我国亿万少年同唱一首校园“红歌”《中国少年儿童队队歌》(后改为《中国少年先锋队队歌》),词作者是中国文豪兼中国科学院院长郭沫若先生。曾称颂一时的著名科学家,如华罗庚、赵九章、茅以升、王梓坤等,都以善属华章成为我们学习的榜样。

从人文科学的角度看,在人类社会进入现代化进程后,仍不乏自然科学向文学“求婚”的历史。20世纪初,五四运动兴起前后,中西学术文化大碰撞、大交流,我国现代意义上的人文科学纷纷建立,与自然科学并列,共同成为人类科学大家族中的成员。一时间科学昌明、文学繁荣,“新”字当头的科学书刊和文学小说雨后春笋般涌现,都成了最高“票房”的赢家。五四运动提出了一个响亮的口号“科学”与“民主”,在当时世界各国纷纷争取民族解放、社会改革的背景下,它从中国的国家层面,搭建了一座前所未有的盛世舞台,促动自然科学“爱慕”人文科学。

民俗学是人文科学的一个门类,其中有的研究对象,如传统工艺,也与自然科学交叉,于是乎也需要小说。当代中国社会进入全球化、信息化、高科技时代,新媒体是当家花旦,看好莱坞和国产大片是家常便饭,它们向民俗学轮番挑战,新问题一个接着一个,至少有以下几个压力需要通过这类小说去化解。

一是传播的压力。民俗学的核心部分是民间文学，但民间文学要靠文学性的小说进行现代传播。

二是研究的压力。当代民俗学重视研究个人生活史，包括对工匠等普遍人经历的资料调查与搜集，但在个人经历的叙事中，有很多主观意识部分不是民俗，而是文学，是小说。

三是文化多样性保护的压力。民俗学的本质是承认文化多样性，研究其背后的地域性和民族性成因，是一门富有差异化属性的人文科学，这也正是民俗学与自然科学的区分。两者的功能和目标也有差别。民俗学揭示其中"看不见的"精神现象和文化符号，自然科学阐释其中的"看得见的"物化形式和技术逻辑。民俗学对于"看不见的"和"看得见的"对象都要施行保护，这是有压力的。自然科学可以帮助民俗学解压，而小说可以给两门科学都解压。近期中央电视台播出的节目《挑战不可能》正是演示这类解压过程的创意制作。节目主持人用文学的形式普及科学，以科学实验的形式演绎人与自然、机械和民俗打交道的必要性，节目现场惊险、刺激，在场的自然科学工作者和文化人物的解释也都十分到位，帮助观众把解压变成了乐趣。

四是价值化的压力。民俗学的角度研究自然科学不仅是精英的权利，也是普通人的权利。以往精英的权利备受关注，而普通人的权利却遭到蔑视，这是一种价值观的失衡。现在研究传统工艺，分析它所携带的中国优秀传统文化成分，就要对以往纠偏，树立正确的价值观。

要让工匠发声，让传统工艺生产模式成为有尊严的技术活动，文学可以对此提供描述的空间。

五是未来教育的压力。民俗学与自然科学相比，它的魅力在于拥有文学和文化两者的创造力。它所拥有的故事，既是形式，也是内容，自古以来为人类所青睐。科幻小说和民俗学小说，在叙事上，都要大量依赖故事，用来解决叙事的细密性和连续性问题。对故事与科幻小说和民俗学开展交叉研究，能吸引跨学科的学者和作家聚拢在一起，讨论共同关心的问题。当然，小说不一定都有鲜明的民俗特征，科幻小说和民俗学小说也未必都有故事母题。故事、科幻小说和民俗学小说之间也会有不和谐的地方，还可能各自保留其他的文化形式，或者各自独立。

当代高科技发达、物质财富迅速增加，现代人对科学、文学和民俗的兴趣也在提升。他们探寻自然科学的奥秘，也维系民俗的和谐，小说是为神秘与和谐而唱诵的体裁。但是，我国至今仍缺少这一类的科幻小说和民俗学小说，这是一种遗憾。不过它们迟早会成为人类精神家园中的题中应有之义，只是它们的产生要有一个等待的过程。民俗学也好，自然科学也好，随着交叉研究的深入，可能会经历一个痛苦的历程。学者也好，工匠也好，在朝夕晤对中必产生痛苦。痛苦源于思想上的不舒服，也源于传统工艺的艰难发展与灿烂成就的反差带来的复杂性，经历苦难多了就会产生小说。

五、人文亲密性技术与跨学科建设

个案之七：人文与技术的亲密性[1]

有个新概念叫“技术亲密性”（technologies of intimacy），本意是指“在技术与文化之间有亲密关联和保持亲密度的

---

[1] 本小节原为作者于 2016 年 12 月 24 日在中国科学院自然科学史研究所主办的“中国科技史家的使命与实践”学术研讨会上的发言，这里略有删改。

技术，包括保持人际联系，保持友谊和维系感情。在人类社会中，满足这些需求，始终都是十分重要的”[1]。白馥兰教授是北京师范大学民俗学国家重点学科和中国科学院自然科学史研究所共同的老朋友，她的这个观点也带有双方的视角，对我本人也很有启发。当然，她的重点是研究，但我想把这种启发带到学科建设中去，因为自然科技史与传统工艺的关联，在历史上早已发生，但要培养文理兼通并能真正从事交叉研究的人才，却只能在现代社会中进行。北京师范大学民俗学国家重点学科与中国科学院自然科学史研究所之间的学科建设合作早在20年前已开始，是由钟敬文先生和自然科学史所的前辈华觉明先生联袂撰写高校教材《民俗学概论》启动的，我个人对自然科学史所的特殊感情也是从这里开始的。“技术的亲密性”，在我们两个单位之间，在20年后，可以从合写教材推进到学科建设，继往开来，有所前进。而在这方面，至少有两点可以总结：一是经验与问题；二是资源与方法。以下简要谈谈我的认识。

---

[1] Francesca Bray，*Technologies of intimacy: ICTs ancient and modern*，此文为原英文作者于2016年为北京师范大学“跨文化研究院研究生国际课程班”授课的讲稿，中译本，第2页，本文征得英文作者同意后引用。

（一）背景与经验

1990年，华觉明先生应钟敬文先生的邀请，加盟钟先生主编的我国高校第一部民俗学高等教育教材《民俗学概论》的撰写工作。现在这部教材已经在我国高校使用了20年，始终是获奖最多和获奖规格最高的一本书，包括获国家新闻总署国家图书奖提名奖（1998）、国家级教学成果一等奖（2000）、北京市教学成果一等奖（2001）和教育部国家级十二五规划教材（2013）。这件事，在自然科学领域也许不算惊人之举，但在人文科学领域却惊天动地。它的诞生，记录了我国民俗学曲折发展的历程，标志着新时期30年高校民俗学恢复重建和全面繁荣。它首次在主要使用中国材料研究中国文化的传统文科——民俗学中，设立新的交叉研究分支，这为后来两个学科合作培养研究型人才铺垫了道路。在民俗学的学科建设上，使用这部教材，指导专业科研、建设课程体系，启动本科生教学和研究生教学，推动了民俗学高等教育事业的蓬勃发展，培养了几代中国高校民俗学专业高级人才的成长。在我们两个单位的合作启动后，《民俗学概论》又以承上启下的地位，成为自然科技史学和民俗学的共同现代遗产。后来北京师范大学民俗学专业增设了技术民俗学、文化遗产学等新的研究方向，还陆续培养了一些博、硕研究生，华觉明先生和张柏春研究员陆续参加了这些研究生的学位论文答辩。在钟先生身后，双方仍然在教学科研上保持着联系。

在今天的全球化和高科技时代，我们的国际同行重新评估中国科技史对前现代和现代社会的启示，频频回顾我国国内的自然科技史和民俗学领域，中外对话增加。我们两个单位因为都涉及对中国传统工艺的研究与教学，必将继续靠近。在这方面，《民俗学概论》又为这类成果的国际化传播发挥了作用。2010 年，德国马普所学者薛凤、白馥兰等一行五人来访，双方交流的起点正是《民俗学概论》。

为什么我们两个单位能合作？这里有民俗学的学术传统的原因，也因为这一研究属于交叉学科性质。自然科学史研究所团队撰写的《民间科学技术》一章，其中所阐述的传统技术、气象谚语、民间工艺和中医药等，是钟先生在 80 年前的民俗学研究中已涉及的老问题，例如，他在 1929 年发表的《为西湖博览会部分展品写的话》[1]一文中，讨论了民间医药；1937年发表的《〈农谚〉序》讨论了包括气象谚语在内的农业谚语[2]。半个多世纪后，自然科学史所的专家们提供了符合科技史的回答，也补充了民俗学史的内容。两个学科的合作，还把这些学术史问题变成了当代社会问题，因而能引起年轻一代的兴趣，提高了社会关注度。前人的经验告诉我们，由中国传统科技现象的文化思维方式所决定，民俗学需要向自然科技学史学习，自然科技史对民俗学也给予必要的结构性补充。自然科技史的研究成果进入民俗学，还能发挥其独特的优势，就是它的逻辑思维和科学数据给这门人文科学带来了帮助。气象学家朱炳海在1952年出版了《气象谚语》一书，使用了408条谚语的测量数据，指出至少有85%的谚语带有科学合理性，75%的谚语带有实测预报价值。[3]此书于1980年被钟敬文先生收入他主编的我国高校第一部《民间文学概论》教材中。

---

[1] 钟敬文《我国古代民众的医药学知识——〈山海经之文化史的研究〉中的一章》，收入《钟敬文文集·民俗学卷》，连树声编，合肥：安徽教育出版社，1999，第612页。

[2] 钟敬文《〈农谚〉序》，收入《钟敬文全集·民间文艺学卷（下册）》，董晓萍主编，北京：高等教育出版社，2018。

[3] 朱炳海《气象谚语》，上海：开明书店，1952，第95—100页。

前人拓荒之后，后学如何持续？现在，我们需要共同面对一个问题，即作为民俗学的自然科技史资料，与作为自然科技史学的民俗事象，应该如何研究？民俗学所研究的传统工艺，是地方的、日常的、经验的，不容易上升为自然科学所要求的形态。科学家介入民俗学研究，能为民俗学补充科学知识，还使民俗学对传统工艺等交叉研究现象的表述，增加了概念和术语上的一致性，逻辑上的统一性，研究方法与研究目标的连续性，这对完善民俗学的理论框架起到一定的作用。两个学科还要继续探索共进，找到超越西方科技史标准而符合中国文化传统规律的东西，合作承担弘扬中国优秀传统文化的任务。

（二）资源与方法

自然科技史与民俗学都拥有非同一般的学术资源，也有高端共享资源。《民俗学概论》的《民间科学技术》一章，在时隔 20 年后，其中提到的许多民间技术现象，如华觉明先生亲笔撰写的二十四节气部分[1]，今天已成为

---

[1] 钟敬文主编、许钰、董晓萍副主编《民俗学概论（第二版）》，北京：高等教育出版社，2010，第 165 页。

国家非遗和世界非遗，最近还在联合国教科文组织的会议上金榜题名。我们的问题是：这是技术与文化的亲密性所致吗？资源是现象，建构交叉共赢的理论是目标。交叉学科没有理论上的亲密性，就不能深化交叉研究。对于上述问题，国际同行已提出东方文化中存在自然与文化未分离的观念，因此应该采用对自然与文化贯通透视的理论进行研究。❶ 在方法上，也有学者提出，应该考虑民俗学是理论民俗学与经验民俗学二元一体的特征❷，这样自然科技史学在与民俗学交叉时，就不能偏重一种研究而忽略另一种研究，而“偏食”的研究，只会使科技史学对传统工艺的研究停留在表层上。事实上，我们不能忘记，《民俗学概论》中的《民间科学技术》的撰写者在这类交叉研究上所付出的成功努力：他们在用物理学原理解释孔明灯的同时，也提到孔明灯是民间游戏；在用中医药原理本草学的时候，也提到了“坚实的民众

❶ Eduardo Viveiros de Castro, Cosmological Deixis and Amerindian Perspectivism. *The Journal of the Royal Anthropological Institute*, 1998: 4 (3): 470.

❷ Ülo Valk and Neelakshi Goswami, *Generic Resources and Social Boundaries of Magic in Assam: Fieldwork Notes from Mayong*, in Journal of Folkloristics (Folklore Research Department, Gauhati University) 2013.

基础”[1]，这就告诉广大青年学子和社会读者，中国人从未将科学发明与民俗文化分开，科学家也在注意这方面的经验。为什么会做到这一点？白馥兰有一种解释，就是从价值观的角度建立技术的亲密性：“现代社会环境中的手工业并非昨天的遗留物，而应将其视为工业化技术共存的国家生产模式的二元结构要素之一，是与当今处于支配性地位的现代工业化技术具有完全平等地位的一种价值观体系，手工业从来都是嵌入这个价值体系中的，始终都是这个体系中的二元共处对象。”[2] 总之，以他山之石，攻我之玉，我们双方就都能找到超越西方科技史标准而符合中国文化传统规律的东西，合作承担弘扬中国优秀传统文化的共同任务。

---

[1] 钟敬文主编、许钰、董晓萍副主编《民俗学概论（第二版）》，北京：高等教育出版社，2010，第 164，181 页。

[2] Francesca Bray，*Technologies of intimacy: ICTs ancient and modern*，中译本，第 11 页。

后　记

在读者打开本书的第一时间，我需要说明，我的专业是民俗学，不是自然科技史学，但我在高校所从事的民俗学教学科研较多地涉及自然科技史学，实际上，这也是一种交叉学科现象，而我也不可能踟蹰于以往的学科分类束手束脚，所以，在民俗学和自然科技史学之间，我会跳进跳出；在本书中，我也会经常谈到人文学者与自然科学工作者的共同责任。

“技术民俗学”的概念是我提出来的。事出有因，20世纪90年代，我协助钟敬文先生组织编写《民俗学概论》，当时书中设有《民间科学技术》专章，由钟先生力邀中国科学院自然科学史所的科学家华觉明先生率队撰写。以后，我在给北师大的本科生和研究生上课时，也从不绕过“科技”的问题，此举要归结为这次工作给我留下的深刻记忆，同时也因为我从小就对科技怀有十二分的兴趣。

但是，从技术民俗学的角度讲技术，与从自然科技史的角度讲技术，两者之间还是有很大的差别。具体落实到学者上，各自的学术训练和知识储备就很不相同。在我工作的大学中，至少到20世纪末，听讲的大学生和研究生也都会受到这种学科分类的影响，文理科之间的楚河汉界很清楚。但是，到了21世纪，情况就变了。中国社会已被高新技术大面积地覆盖，大学生和研究生都已成为应用技术的活跃主体。他们乘坐高铁和地铁往来于高校与社会之间，用手机确定自己的生活方式和消费追求，没有高科技的日常生活已不可想象；然而，任凭技术发明怎样千变万化，华觉明先生在《民间科技学术》中介绍的“手”上的工艺都未曾过时，难道现代人打手机不是还要用“手”吗？年轻一代通过网络沟通世界不是还要用“手”吗？中国人与“手”上的社会活动的联系，渊源太深，从礼仪治国到现代科技腾飞，中国人的“手”都是“勤劳”的，不但作揖，也耕织，也书法，也云计算，始终处于一种技术与文化合成的状态，这是中国的国家风格和思维传统。正是这双手，让中国人又聪明、又实干、又幸福，而不是单纯依靠技术去制造幸福感。高校的青年学生知道这些吗？知道。八〇后，九〇后，〇〇后，都应该知道，高校课程的功能就是要针对学生的这种实际“按需分配”，还能有所引领。

几年下来，我有了一个想法，就是要发展“技术民俗学”。我希望用它建立一个新的研究分支，侧重中国技术现象，又能让中国技术传统在人文社会科学领域找到立足之地。终于机会来了，我所在的北京师范大学文学院编写十一五规划，领导班子鼓励创新，我就把“技术民俗学”写进我所负责的民俗学专业的发展规划中，我同时还写了“历史民俗学”的建设规划，一并交给了当时负责全院科研管理的副院长王一川教授。让我高兴的是，这些想法得到他的肯定。

说干就干，我把“技术民俗学”方案中的具体工作交给一位年轻教师，告诉她坚持下去，必有所成。我也从未袖手旁观，直到写这本书之前，我自己也一直在探索，比如带领部分有兴趣的研究生完成了“华北水资源与基层村社自治用水管理”、“地方知识与行业文化”和“清宫造办处传统手工行业现代老字号传承”等系列课题的田野调研、数据库建设和研究论文的撰写工作。法国高等社会科学院的蓝克利（Christian Lamouroux）教授曾加盟前两个项目，跟我们一起下乡、回城、讨论数字化方案，我不能忘记他的贡献。华觉明先生多年给我鼓励，从未拒绝我的任何请教。与英国爱丁堡大学白馥兰（Francesca Bray）教授的密切往来，让我心中那颗热爱科学的种子盛开了鲜花，我将她引为知音。见到薛凤（Dagmar Schäfer）教授和她的赠书，我还知道德国科技史领域存在着怎样一个现代化的平台。感谢张柏春教授，他是华觉明先生的弟子，我们之间已有很多学术合作。

自 2015 年起，法国阿尔多瓦大学金丝燕教授和我共同组织“跨文化学研究生国际课程班”，从那时起，自然科技史就被纳入跨文化学的教学框架，这一步的推进，还要说，受教于北京师范大学跨文化研究院理事长陈越光先生，他做过《科技中国》的主编，对于跨文化学不可绕开科技史学有先见之明。感谢乐黛云先生一直做我们的坚强后盾。

直到今年，我都是一只手被技术民俗学占着，一只手被跨文化学占着，心里满满的都是快乐。我为技术民俗学的调研写了不少讲义，发表了一些文章，本书的第三节的主要内容就是从已发表的成果中遴选的。

现在这本书的章节，有的偏重于理论，有的偏重于个案，但不是全貌。不过，它们都是脚印，而脚印也是有路线和方向的。

最后，向承担本套丛书出版工作的中国大百科全书出版社社科学术分社的郭银星社长、曾辉副社长与负责本书的徐文静责编表示诚挚的感谢!

董晓萍

2018 年 9 月 28 日

附 录

“跨文化研究”丛书书目[1]

1 乐黛云《跨文化方法论初探》，中国大百科全书出版社，2016。

2 ［法］汪德迈（Léon Vandermeersch）《中国文化思想研究》，中国大百科全书出版社，2016。

3 ［法］金丝燕、法宝（T·Dammaratana）《佛经汉译之路：〈长阿含·大本经〉对勘研究》，北京大学出版社，2016。

4 ［法］金丝燕《文化转场：中国与他者》，中国大百科全书出版社，2016。

5 程正民《跨文化研究与巴赫金诗学》，中国大百科全书出版社，2016。

6 董晓萍《跨文化民间文艺学》，中国大百科全书出版社，2016。

7 ［法］劳格文（John Lagerwey）《华南民俗志》，中国大百科全书出版社，2016。

8 王邦维《跨文化的想象：文献、神话与历史》，中国大百科全书出版社，2017。

9 王一川《跨文化艺术美学》，中国大百科全书出版社，2017。

10 董晓萍《跨文化民俗学》，中国大百科全书出版社，2017。

11 董晓萍《跨文化民俗志》，中国大百科全书出版社，2017。

12 董晓萍《钟敬文与中国民俗学派》，中国社会科学出版社，2017。

13 ［爱沙尼亚］于鲁·瓦尔克（Ülo Valk）《信仰·体裁·社会》，董晓萍译，中国大百科全书出版社，2017。

［法］劳格文（John Lagerwey）、谭伟伦主编《中国客家地方社会研究》（全4卷），中国人民大学出版社，2017。

14 ［法］劳格文、谭伟伦主编《（一）闽西客家社会——长汀》，中国人民

[1] “跨文化研究”丛书是教育部人文社会科学重点研究基地重大项目“跨文化视野下的汉语、汉字与民俗文化研究”的综合性研究成果，［法］金丝燕、董晓萍主编，中国出版社有：中国大百科全书出版社、北京大学出版社、商务印书馆、中国人民大学出版社、高等教育出版社、中国社会科学出版社、文化艺术出版社和上海大学出版社。法国出版社有：Paris:Éditions You Feng Libraire & Éditeur 与 Paris：Nuvis，乐黛云、［法］金丝燕、董晓萍主编。

大学出版社，2017。

15［法］劳格文、谭伟伦主编《(二）闽西客家社会——宁化》，中国人民大学出版社，2017。

16［法］劳格文、谭伟伦主编《(三）与非客的社会》，中国人民大学出版社，2017。

17［法］劳格文、谭伟伦主编《(四）粤东粤北社会》，中国人民大学出版社，2017。

18［法］汪德迈（Léon Vandermeersch）《中国思想的两种理性：占卜与表意》，［法］金丝燕译，北京大学出版社，2017。

19 王宁《汉字六论》，中国大百科全书出版社，2017。

20［法］汪德迈（Léon Vandermeersch）、金丝燕编著《古文言读本》（法文版），Paris: Éditions You Feng Libraire & Éditeur，2017。

21［法］金丝燕等译《药师琉璃光七佛本愿功德经》（法文版），Paris: Éditions You Feng Libraire & Éditeur，2017。

22 董晓萍《中国经典故事》（法文版），Paris :Nuvis，2017。

23［德］艾伯华（Wolfram Eberhard）《中国民间故事类型》（修订版），王燕生、周祖生译，刘魁立审校，董晓萍校注，商务印书馆，2017，2018。

24［法］汪德迈（Léon Vandermeersch）《跨文化中国学》，中国大百科全书出版社，2018。

25 乐黛云、陈越光主编《全球视野下的中国文化本位》，中国人民大学出版社，2018。

26 乐黛云、陈越光主编《全球治理、国家治理和社会治理》，中国人民大学出版社，2018。

27［法］金丝燕主编《中国当代艺术》（法文版），Paris: Nuvis，2018。

28［法］白乐桑（Jöel Belensan）《跨文化汉语教育学》，中国大百科全书出版社，2018。

29［英］白馥兰（Francesca Bray）《跨文化中国农学》，董晓萍译，中国大百科全书出版社，2018。

30 董晓萍《跨文化民俗体裁学》，中国大百科全书出版社，2018。

31 王宁《跨文化汉字学》，Paris:Éditions You Feng Libraire & Éditeur，2018。

32 程正民《巴赫金诗学》，Paris:Éditions You Feng Libraire & Éditeur，2018。

程正民主编《20世纪俄罗斯诗学流派研究》（全6卷），中国社会科学出版社，2018。

33 程正民《巴赫金的诗学》，中国社会科学出版社，2018。

34 王志耕《俄罗斯社会学诗学》，中国社会科学出版社，2018。

35 张冰《俄罗斯形式主义诗学》，中国社会科学出版社，2018。

36 贾放《普罗普的故事诗学》，中国社会科学出版社，2018。

37 马晓辉《俄罗斯历史诗学》，中国社会科学出版社，2018。

38 张冰《洛特曼的结构诗学》，中国社会科学出版社，2018。

董晓萍主编《钟敬文全集》（全16卷，共30册），高等教育出版社，2018。

39 钟敬文《钟敬文全集》第1册，董晓萍编《总目》，高等教育出版社，2018。

40 钟敬文《钟敬文全集》第2册，连树声编《中国民俗学派》，高等教育出版社，2018。

41 钟敬文《钟敬文全集》第3册，钟敬文主编《民俗学概论》，高等教育出版社，2018。

42 钟敬文《钟敬文全集》第4册，董晓萍编《歌谣学/故事学》，高等教育出版社，2018。

43 钟敬文《钟敬文全集》第5册，董晓萍编《神话传说学/谚语与谜语/民族民间文学》，高等教育出版社，2018。

44 钟敬文《钟敬文全集》第6册，董晓萍、刘铁梁编《民间文艺新论集/民间诗歌与文人诗/歌谣史与诗歌史》，高等教育出版社，2018。

45 钟敬文《钟敬文全集》第7册，董晓萍编《民间文学（香港版）/人民口头创作》，高等教育出版社，2018。

46 钟敬文《钟敬文全集》第8册，钟敬文主编《民间文学概论》，高等教育出版社，2018。

47 钟敬文《钟敬文全集》第9册，陈子艾编《民俗文化学与文化史》，高等教育出版社，2018。

48 钟敬文《钟敬文全集》第10册，董晓萍整理《民俗文化学个案研究：女娲考/〈水浒传〉专书研究》，高等教育出版社，2018。

49 钟敬文《钟敬文全集》第11册，王宁整理《民间文化传承学卷（第一册）/国学与外来学说》，高等教育出版社，2018。

50 钟敬文《钟敬文全集》第12册，王宁整理《民间文化传承学卷（第二册）/民间宗教与民间口头传承研究》，高等教育出版社，2018。

51 钟敬文《钟敬文全集》第13册，萧放编《历史民俗学》，高等教育出版社，2018。

52 钟敬文《钟敬文全集》第14册，杨利慧编《民间艺术学》，高等教育出版社，2018。

53 钟敬文《钟敬文全集》第15册，万建中编《民俗教育学》，高等教育出版社，2018。

54 钟敬文《钟敬文全集》第16册，程正民编《文艺学》，高等教育出版社，2018。

55 钟敬文《钟敬文全集》第17册，张恩和编《鲁迅研究文存（第一册）/关于鲁迅的论考与回想》，高等教育出版社，2018。

56 钟敬文《钟敬文全集》第18册，张恩和编《鲁迅研究文存（第二册）/鲁迅研究札记与译著》，高等教育出版社，2018。

57 钟敬文《钟敬文全集》第19册，何乃英编《国际交流卷》，高等教育出版社，2018。

58 钟敬文《钟敬文全集》第20册，童庆炳编《散文卷（第一册）/五四以来散文创作与抗战报告文学》，高等教育出版社，2018。
59 钟敬文《钟敬文全集》第21册，童庆炳编《散文卷（第二册）/现代散文与创作论》，高等教育出版社，2018。
60 钟敬文《钟敬文全集》第22册，董晓萍、康丽编《诗歌概论/诗歌通论/诗词格律要略》，高等教育出版社，2018。
61 钟敬文《钟敬文全集》第23册，胡友鸣编《考证〈白香词谱〉》，高等教育出版社，2018。
62 钟敬文《钟敬文全集》第24册，赵仁珪编《诗词总集》，高等教育出版社，2018。
63 钟敬文《钟敬文全集》第25册，赵仁珪、钟宜编《诗词补集》，高等教育出版社，2018。
64 钟敬文《钟敬文全集》第26册，宫苏艺编《报刊文章》，高等教育出版社，2018。
65 钟敬文《钟敬文全集》第27册，秦永龙、董晓萍编《学术书信卷》，高等教育出版社，2018。
66 钟敬文《钟敬文全集》第28册，史玲玲、朱霞、赖彦斌、赵娜编《钟敬文与北师大民俗学史（1949—2013年）》，高等教育出版社，2018。
67 钟敬文《钟敬文全集》第29册，董晓萍、赖彦斌、赵娜编《钟敬文录像图文卷》，高等教育出版社，2018。
68 钟敬文《钟敬文全集》第30册，钟少华、钟宜、曹文瀚编《图片手迹》，高等教育出版社，2018。

69 董晓萍《文献与口头：历史经典名著故事类型》，上海大学出版社，2019。
70［法］金丝燕《文化转场：法国早期汉学视野研究》，中国大百科全书出版社，2019。
71 董晓萍《跨文化技术民俗学》，中国大百科全书出版社，2019。
72 董晓萍《跨文化民间叙事学：鲁班研究个案》，中国大百科全书出版社，2019。
73 王一川《中国艺术心灵》，中国大百科全书出版社，2019。
74 李国英《〈说文解字〉研究四题》，中国大百科全书出版社，2019。
75 韩琦《康熙皇帝·耶稣会士·科学传播》，中国大百科全书出版社，2019。
76［法］罗栖霞（Julie Lechemin）《法国国家图书馆：汉学图书的跨文化典藏》，中国大百科全书出版社，2019。
77 刘宁《跨文化苏联文学访谈录》，李正荣整理，中国大百科全书出版社，2019。
78［爱沙尼亚］于鲁·瓦尔克（Ülo Valk）《信仰故事研究要点》，董晓萍译，中国大百科全书出版社，2019。
79 董晓萍《国家·历史·民俗》，中国大百科全书出版社，2019。
80［法］汪德迈（Léon Vandermeersch）《中国教给我们什么？》，［法］金丝燕译，香港中文大学出版社，2019。